经典中漫步 2

JINGDIAN ZHONG MANBU

主编 徐名印

亲爱的同学，当你打开这本书时，你就开启了一段惬意的旅程。从相遇、相知，到相伴前行，淡淡的书香将一直萦绕在你身边。

在初中语文教材里，你会读到许多名篇佳作，你将会沉浸在充满智慧、有温度的文字世界中，语文素养自然会得到提升。面对神秘奇幻的自然、日新月异的世界、渐趋丰盈的人生，每册教材中的二十几篇课文，恐怕很难再满足你的阅读需求，你的阅读理应更广泛、更自由、更专业。如何让课内外读物有机融合成滋养你成长的沃土？如何让点滴的阅读收获汇聚成助推你遨游书海的动力？我们汇聚全国各地的名师，在研读教材的基础上精选文章，设计帮你实现高效阅读、自主学习的平台和支架……

于是，便有了摆在你面前的这本书。

这本书分为经典诵读、单元学习、整本书阅读三个板块。

第一个板块是“经典诵读”，所选古诗词历久弥新。针对诗词中可能会给你造成阅读障碍的生字难词，我们加注了读音和注释，且辅以专业诵读音频供你赏听以及鉴赏资料供你查阅。希望你能利用每天的晨读或其他课余时间反复诵读，持之以恒，假以时日，定能厚积薄发。

第二个板块是“单元学习”，我们精心挑选了一组与课文主题相关的文章，组合成一个阅读单元，让你在学习课文的基础上拓展阅读更多佳作；针对教材中的每个写作主题，我们也选取了相应的文章（含片段）组成单元，为你的写作指引方向或触发灵感。其中“范文阅读”“组文阅读”“自由阅读”和“类文阅读”四个小标签可提示你采用不同的方式进行阅读。选文之外还附有单元导语、旁批、学习提示、单元学习任务等助读工具，为你的自主阅读提供助力。

带有“范文阅读”标签的文章最贴近教读课文的学习要点，你可以在学过教读课文后，参看这些范文中的旁批和文后的学习提示进行阅读，习得课内所学。

带有“组文阅读”标签的文章都与教读课文主题相关，帮助你在多篇文章的比较阅读中拓宽视野、发展思维、形成能力。阅读时，你可以参看文后的单元学习任务，运用阅读所得解决实际问题，提升语言文字的实际运用能力。

带有“自由阅读”标签的文章与自读课文相关联，你可以根据自己的需要、兴趣自主选择阅读，多读、少读、深读、浅读皆可，如能养成边读边做批注的习惯，你会邂逅更多精彩与惊喜。

带有“类文阅读”标签的是一组与单元写作要求相匹配的文章。这组文章的首篇附有旁批，配合单元写作重点为你的写作实践提供技巧点拨。

第三个板块是“整本书阅读”，推荐书目多为《义务教育语文课程标准（2011版）》中建议初中生阅读的名著。我们设计了“阅读导航”“精彩选篇”“阅读规划”“交流平台”等助读工具，若能激发你的阅读兴趣，为你提供科学的方法指导，助你养成主动阅读整本书的习惯，我们将由衷地感到欣慰。

愿这本书能陪伴着你在阅读的黄金时期，与经典交流，与大师对话，帮助你积累知识，开阔视野，丰富心灵，培育精神，做睿智、优雅的人！

顾之川

经典诵读

1 客中行 〔唐〕李白 / 2

2 喜见外弟又言别 〔唐〕李益 / 4

3 登科后 〔唐〕孟郊 / 6

4 乌衣巷 〔唐〕刘禹锡 / 7

5 金缕衣 〔唐〕无名氏 / 8

6 鹧鸪天·送人 〔宋〕辛弃疾 / 9

7 今日诗 〔明〕文嘉 / 11

8 狱中题壁 谭嗣同 / 12

第一单元 览物之情

范文阅读

1 游岳阳楼记 〔明〕袁中道 / 15

2 观潮 〔宋〕周密 / 19

组文阅读

1 记九溪十八涧 〔清〕林纾 / 22

2 岳阳楼记 汪曾祺 / 24

3 想起范仲淹 周大新 / 28

第二单元　山亭景趣

范文阅读

1 丰乐亭记　〔宋〕欧阳修 / 35

2 冷泉亭记　〔唐〕白居易 / 38

组文阅读

1 醒心亭记　〔宋〕曾巩 / 41

2 陶然亭　张恨水 / 44

3 三贬三境界　刘会然 / 49

第三单元　冬日雪韵

自由阅读

1 龙山雪　〔明〕张岱 / 56

2 王子猷雪夜访戴　〔南朝宋〕刘义庆 / 58

3 祁连雪　刘白羽 / 60

4 盼雪　张炜 / 63

第四单元　诗意悠长

范文阅读

1 行路难（其二）　〔唐〕李白 / 67

2 醉赠刘二十八使君　〔唐〕白居易 / 69

组文阅读

1 再游玄都观 〔唐〕刘禹锡 / 71
2 阳关曲·中秋月 〔宋〕苏轼 / 72

第五单元　言之有据

类文阅读

1 有书赶快读 邓拓 / 75
2 谈阅读（节选） 叶圣陶 / 80
3 在劳动中认识劳动 徐名印 / 83

第六单元　故乡印象

范文阅读

在酒楼上 鲁迅 / 86

组文阅读

1 艾叶飘香 刘国芳 / 102
2 赶年集 厉彦林 / 106
3 故乡滋味 凸凹 / 110

第七单元　百态人生

范文阅读

七个铜板 〔匈牙利〕莫里兹 / 116

组文阅读

1 两角钱 肖复兴 / 126
2 一千张糖纸 铁凝 / 129
3 尘世小暖 顾晓蕊 / 132

第八单元　成长之路

自由阅读

1 传奇 侯发山 / 138
2 小莫的海底 立夏 / 142
3 雪地里的红棉袄 高吉波 / 146

第九单元　学习缩写

类文阅读

1 想讨一本书 许申高 / 150
2 《故乡》缩写 孙煜棋 / 154
3 《苏州园林》缩写 陈一鸣 / 156

整本书阅读

唐诗三百首 〔清〕蘅塘退士 / 158
世说新语 〔南朝宋〕刘义庆 / 163

在经典中浸润，在诗海中徜徉，让心灵开始一次雅韵悠长的旅程。从《诗经》到宋词，从田园到边塞，从婉约到豪放，从现实主义到浪漫主义……那些作品，或率真质朴，或清幽缠绵，或慷慨刚健，或隽永蕴藉，寄托了中华儿女的家国情怀，传承着博大精深的中华文明。

有了诗词的濡染，我们的学习自当渐入佳境；有了经典的浸润，我们的生活定会异彩纷呈。

1. 客中行[①]

⊙〔唐〕李白

兰陵[②]美酒郁金[③]香，玉碗盛来琥珀[④]光。
但使[⑤]主人能醉客，不知何处是他乡。

---

① 客中行：一作《客中作》。
② 兰陵：古县名，在今山东省枣庄市。
③ 郁金：姜科植物，古人用以浸酒，浸后酒色金黄。
④ 琥珀：一种树脂化石，呈黄色或赤褐色，色泽晶莹。这里形容美酒色泽如琥珀。
⑤ 但使：只要。

李白于天宝初年长安之行以后，移家东鲁。本诗作于东鲁兰陵，以兰陵为“客中”，可见为开元年间的作品。在繁荣的社会背景下，李白更是重友情、嗜美酒、爱游历。这首诗表现了李白豪放不羁的个性和盛唐的繁荣景象。

本诗一反游子羁旅乡愁的古诗文传统，抒写了身虽为客，却乐而不觉身在他乡的乐观情感。“兰陵美酒郁金香，玉碗盛来琥珀光。”大家都知道，李白一生都对美酒情有独钟，只要有美酒，他便可以忘乎所以，美酒对李白的神奇效力由此可见一斑。地方上的佳酿，也许更加别有风味，这时摆在面前的兰陵佳酿，色泽清冽，酒香扑鼻，李白看在眼里，美在心间，恨不得马上就喝他个一醉方休。诗人见到美酒的兴奋之情跃然纸上，让人丝毫感觉不到作客异乡的凄凉。不过，李白一生面对的美酒盛筵，何止千万？李白可能因为饮酒而更加豪放，也可能因为痛饮而愈发感伤。那么这一次使李白忘记了乡愁的到底是什么呢？其实并不是美酒，而是多情的主人，“但使主人能醉客，不知何处是他乡”。诗人并不是不思念家乡，而是在良朋美酒面前，时时萦绕在心头的思乡之情被冲淡了。

扫码收听朗诵音频

2. 喜见外弟[①]又言别

⊙〔唐〕李益

十年离乱[②]后，长大一相逢。
问姓惊初见，称名忆旧容[③]。
别来沧海事[④]，语罢[⑤]暮天钟[⑥]。
明日巴陵[⑦]道，秋山又几重[⑧]。

---

① 外弟：表弟。

② 十年离乱：指唐天宝十四载的“安史之乱”及由此造成的两人分离。

③ 忆旧容：回忆外弟旧时的容貌。

④ 沧海事：即沧海桑田，喻世事变化巨大。《神仙传·麻姑》：“麻姑谓王方平曰：‘接待以来，已见东海三为桑田。’”

⑤ 语罢：谈话完了。指互相倾诉了十年离乱的“沧海事”。

⑥ 暮天钟：黄昏时寺院里传出的钟声。

⑦ 巴陵：古郡名，又称岳州，今湖南省岳阳市，即诗中外弟将去的地方。

⑧ 又几重：意思是说，明日分手，秋山远隔，又不知有几重了，表示今后会面实难。

李益的这首诗，以质朴的语言和真挚的情感，抒写与外弟的聚散离合中惊喜和怅惘的复杂感情，在以人生聚散为题材的小诗中，是一首脍炙人口的佳作。它也从一个侧面反映了“安史之乱”带给人们的苦难，这样，便使惜别的主题获得了较为深刻的社会意义。

诗的首联，寄予无限的感慨：“十年离乱后，长大一相逢。”好不容易有这样一个难得的机会，意外地见到了因动乱而离别了多年的表弟，怎不令人欣喜呢？颔联中“问姓惊初见”而“忆旧容”这一特定的情景，也把这长期阻隔的不正常情况委婉地表达了出来。颈联是说，十年离乱，天各一方，世事人情，沧海桑田，包含了人生的多少感慨。两人热烈地交谈，从白天到日暮才停下谈话。叙谈时间长，正表明他们情谊的深长。“暮天钟”并不是单纯作为日暮的标志而出现的，而是表明二人叙谈入神，以至顾不上观望天色的变化，也感觉不到时间的流逝。因此尾联“明日巴陵道，秋山又几重”，把这深深的惜别情意，通过鲜明的形象抒发了出来，悠然不尽。本诗写了相认的喜悦，又蕴含着伤别的情怀，质朴中寓挚情，平淡间寄深慨。

扫码收听朗诵音频

3. 登科后

⊙〔唐〕孟郊

昔日龌龊[①]不足夸，今朝放荡[②]思无涯。
春风[③]得意马蹄疾[④]，一日看尽长安花。

这是孟郊抒写自己进士及第时得意心情的诗作。孟郊早年屡次参加科举均落第，46 岁那年进士及第，他自以为生活从此翻开了新的篇章，因此按捺不住内心的喜悦，挥手而成本诗。前两句是说以前处境的不如意和思想上的局促不安不再值得一提了，如今金榜题名，前程似锦，心情何其舒畅。后两句因留下“春风得意”“走马观花”两个成语而为人们所熟知。按唐制，进士考试在秋季举行，发榜则在下一年的春天。此时的长安城，春风吹拂，百花盛开，诗中描绘的怡人春风、走马看花均为实际情形，但拥挤的人流，偌大的长安城，岂容“马蹄疾”飞，又如何能“一日看尽”？这近乎无理的写法，却很传神地写出了此时诗人“放荡”的心情。

---

① 龌龊（wò chuò）：指处境不如意和思想上的拘谨局促。
② 放荡：自由自在，无所拘束。
③ 春风：既指自然界的春风，也是皇恩的象征。
④ 疾：快。

扫码收听朗诵音频

4. 乌衣巷[1]

⊙〔唐〕刘禹锡

朱雀桥[2]边野草花[3]，乌衣巷口夕阳斜。
旧时王谢[4]堂前燕，飞入寻常百姓家。

诗中飞燕形象的设计，好像信手拈来，实际上凝聚着作者的艺术匠心和丰富的想象力。在现实生活中，即使是寿命极长的燕子，也不可能是几百年前“王谢堂前”的老燕，但是作者抓住了燕子作为候鸟有栖息旧巢的特点，这就足以激发读者的想象，暗示乌衣巷昔日的繁荣，起到了今昔对比的作用。

这首诗在艺术表现上集中描绘乌衣巷的现况，对它的过去，仅仅巧妙地略加暗示。诗人的感慨更是藏而不露，寄寓在景物描写之中。因此虽然景物寻常，语言浅显，却有一种蕴藉含蓄之美，使人读起来余味无穷。

---

① 乌衣巷：故址在今江苏南京秦淮河南。三国时吴国曾在此设军营，因士兵多穿黑衣，故称“乌衣巷”。东晋时开国元勋王导和指挥淝水之战的谢安都住在这里。

② 朱雀桥：南京秦淮河上的一座桥，是由市中心通往乌衣巷的必经之路。桥同河南岸的乌衣巷，不仅地点相邻，历史上也有瓜葛。旧日桥上装饰着两只铜雀的重楼，就是谢安所建。

③ 野草花：形容景色荒凉破败。草长花开，表明时当春季。花，动词，开花。

④ 王谢：指王导、谢安两大家族。

扫码收听朗诵音频

5. 金缕衣[①]

⊙〔唐〕无名氏

劝君莫惜金缕衣，劝君须惜少年时。

有花堪[②]折直须[③]折，莫待无花空折枝。

赏析

此诗含意很单纯，可以用“莫负好时光”一言以蔽之。其实，这一意思早在《乐府诗集·相和歌辞平调曲》中就已出现：“百川东到海，何时复西归。少壮不努力，老大徒伤悲。”年轻力壮时不努力向上，到年老力衰之时懊悔也就来不及了，只能白白地伤悲。本来，珍惜好时光是人所共有的情感态度，但经《金缕衣》这样一说，却使人受到一种单纯而强烈的情绪的感染，并长久地萦绕在自己的心灵深处。固然，这首诗的每一句都在重复着“珍惜好时光”之意，可每句当中又都有着细微的变化，流转而又回环，重复而不单调，有缓有急，构成了一种优美感人的旋律。全诗前两句是直接抒写，用的是赋；而后两句用的却是比，“有花堪折直须折”是从正面说明青春美好，须要珍惜，“莫待无花空折枝”是从反面说明同样的道理。这是对青春的歌唱，是对美好生活的追求，其热情、率真令人分外难忘。

---

① 金缕衣：用金丝编织的衣服。泛指华丽贵重之物。

② 堪：可以，能够。

③ 直须：尽管。

扫码收听朗诵音频

6. 鹧鸪天·送人

⊙〔宋〕辛弃疾

唱彻《阳关》[①]泪未干，功名馀[②]事且加餐[③]。浮天水送无穷[④]树，带雨云埋一半山。

今古[⑤]恨，几千般[⑥]，只应[⑦]离合是悲欢？江头未是[⑧]风波恶，别有[⑨]人间行路难。

① 唱彻《阳关》：唱完送别的歌曲。彻，完。《阳关》，即《阳关曲》，又名《阳关三叠》，唐宋时期流行的送别歌曲。

② 馀：多余。

③ 加餐：多吃饭。意思是保重身体。

④ 无穷：无尽，无边。

⑤ 今古：古往今来。

⑥ 般：种。

⑦ 只应：只以为，此处意为“岂止”。

⑧ 未是：还不是。

⑨ 别有：另有，更有。

送别词大多缠绵悱恻，哀怨凄婉，辛弃疾的送别词却多立意不俗，又总是超出常境，这首《鹧鸪天·送人》可作代表。词的开篇即述离情，把送别场面凝缩成“唱彻”而“泪未干”，形象地展示出凄苦的情状。接下来却正话反说：“功名馀事且加餐。”“功名”，指官爵。视功名为“馀事”而劝“加餐”，处于“国仇未报壮士老”（陆游诗句）的具体历史情况下，这里旷达的成分不多，更多的是激愤，是反语。

上阕写送别，下阕抒情本应该是以“别恨”为主调的，但是作者笔锋拗转，说今古恨事有几千般，岂止离别一事才是堪悲的？用反问语气，比正面的判断语气更强烈。作词送人而居然说离别并不是唯一可悲可恨的事，显示出词的思想感情将有进一步的开拓。紧接着作者便又似呼喊又似吞咽地道出他的心声：“江头未是风波恶，别有人间行路难。”下阕表达了这样两层新意：一是古往今来使人愤恨的事情千件万般，不是只有生离死别，还有国家大事；二是作者以江头风波险恶突显人间行路之难、世事之险。

扫码收听朗诵音频

7. 今日诗

⊙〔明〕文嘉

今日复今日，今日何其少！
今日又不为，此事何时了？
人生百年几今日，今日不为真可惜！
若言姑待[①]明朝至，明朝又有明朝事。
为君聊[②]赋《今日诗》，努力请从今日始！

本诗告诉我们应爱惜时间，及时努力。

① 姑待：姑且等待。
② 聊：姑且。

扫码收听朗诵音频

8. 狱中题壁

⊙谭嗣同

望门投止[①]思张俭[②]，忍死[③]须臾[④]待杜根[⑤]。

我自横刀向天笑，去留肝胆两昆仑[⑥]。

---

① 望门投止：指人在窘迫中，见有人家便去投宿，以求隐匿。

② 张俭：东汉人，曾弹劾残害百姓的宦官侯览，侯览反诬他结党叛乱，朝廷下令捕俭，逼得他只好逃亡。人们敬重他的人品，只要他去投宿，都冒着生命危险接待他。

③ 忍死：忍痛装死。

④ 须臾：极短的时间。

⑤ 杜根：东汉人。安帝时，邓太后临朝摄政，外戚专权。杜根上书要求太后还政于安帝。太后大怒，令人把他装在布袋里在殿上摔死。施刑的人敬其品格，扑打不用力，后又将其载出城外，待其苏醒。太后派人检验，杜根装死三日，目中生蛆，才得脱身。

⑥ 两昆仑：指康有为和作者自己。变法失败后，康有为潜逃出京，以图东山再起，而作者则拒绝奔逃，准备牺牲。一“去”一“留”，皆肝胆相照，就像巍巍的昆仑山，万古长青。一说“两昆仑”指康有为和侠客大刀王五。

这是“中国为国流血第一烈士”（梁启超语）的一首气壮山河的绝笔诗。前两句以张俭、杜根这两个历史人物受迫害的故事，说明维新变法运动的正义性和深得人民的同情与支持。身陷牢狱的谭嗣同，所想的仍然是维新运动的现在与将来，他用张俭“望门投止”的典故，表示对已经出逃的康有为的思念。他想到更多的同志处在极其严峻、险恶的环境中，他们都像杜根那样“忍死须臾”，以待时机。他相信终有一天，“杜根”们会重返政治舞台，中国的将来要寄希望于他们了。后两句直陈胸臆，表明了自己视死如归的英雄气概和与维新志士肝胆相照的同志之情。

读出诗的节奏

诗的语言富有节奏感和韵律美，诗的节奏主要体现在停顿、轻重和缓急上。一般来说，古诗特别是格律诗的音顿比较固定，我们不能随意打乱，但也不能数着拍子一顿一顿地“死读”，那就太呆板了。要根据情感的需要和结构特点灵活处理。慢读时，音顿比较明显；快读时，音节之间衔接比较紧凑，音顿不明显。

另外，诗的平仄、押韵也是影响节奏的因素，要注意读好。为了体现诗歌的节奏感和韵律美，在古诗词中，有的字可以变读。

览物之情

仁者乐山，智者乐水。面对山水名胜，古今圣贤无不为之动容，一个“智”字既反映了先哲对水的认知，又破译出水蕴藏着的无尽的文化内涵。古往今来，曾有多少文人骚客面对水潜心思考，叩问生命，产生无数的遐思和感慨。不少成语都描摹出水的万般仪态，彰显着水的千种品格：“上善若水”“滴水穿石”“海纳百川”……水是至柔至刚的，也是至静至动的，它因势赋形，变化万千。

阅读本单元文章，要展开想象的翅膀，力求身临其境，体会作品描绘的美景，感受作者心灵的悸动。要注意作者如何选取景物，如何通过色彩、声音描绘当时所见之景，如何通过动静结合的描写再现当时所处之境。学习写景与抒情、议论相结合的写作方法；反复朗读文中的精彩语句，力求熟读成诵。

1. 游岳阳楼记

⊙〔明〕袁中道

洞庭为沅、湘等九水之委[1]。当其涸时，如匹练[2]耳；及春夏间，九水发而后有湖。然九水发，巴江之水亦发。九水方奔腾浩淼，以趋浔阳；而巴江之水卷雪轰雷，自天上来。竭九水方张之势，不足以当巴江旁溢之波。九水始若屏息敛衽，而不敢与之争。九水愈退，巴江愈进，向来之坎窞，隘不能受，始漫衍为青草，为赤沙，为云梦。澄鲜宇宙，摇荡乾坤者八九百里。而岳阳楼峙于江、湖交会之间，朝朝暮暮，以穷其吞吐之变态，此其所以奇也。

楼之前为君山，如一雀尾垆，排当水面，林木可数。盖从君山酒香、朗吟亭上望洞庭，得水最多，故直以千里一壑，粘天沃日为奇。此楼得水稍诎，前见北岸，政须君山妖蒨，以文其陋。况江湖于此会，而无一山以屯蓄之，莽莽洪流，亦复何致？

---

① 委：水流所聚，汇集。

② 练：白绢。

故楼之观，得水而壮，得山而妍。诗人李白之“划”、张碧之“碍”，如怜小儿者，呼美为丑，非贬词也。

游之日，风日清和，湖平于熨。时有小舫往来，如蝇头细字，着鹅溪练上。取酒共酌，意致闲淡。亭午风渐劲，湖水汩汩有声，千帆结阵而来，亦甚雄快。日暮，炮车云生，猛风大起，湖浪奔腾，雪山汹涌，震撼城郭。予始四望惨淡，投箸而起，愀然①以悲，泫然②不能自已也。

昔滕子京以庆帅左迁此地，郁郁不得志，增城楼为岳阳楼。既成，宾僚请大合乐落之。子京曰：“直须凭栏大哭一番乃快！”范公“先忧后乐”之语，盖亦有为而发。夫定州之役，子京增堞籍兵，慰死犒生，边垂以安，而文法吏以耗国议。其后朝廷用人如此，诚不能无慨于心。第以束发登朝，入为名谏议，出为名将帅，已稍稍展布其才；而又有范公为知己，不久报政最矣，有何可哭？至若予者，为毛锥子所窘，一往四十余年，不得备国家一亭一障之用。玄鬓已皤，壮心日灰，近来又遭知己骨肉之变，寒雁一影，飘零天末，是则真可哭也，真可哭也！

译文

洞庭湖是沅江、湘江等九条河流汇集而成的。（秋冬时节）湖面因为寒冷凝结，如同一匹白绢一般；等到春夏季节，九条河流发水以后才有（眼前）的

① 愀然：忧愁的样子。

② 泫然：水滴下的样子，多指流泪。

湖面。但是，这九条河流发水的时候，长江也正发大水。九条河流之水奔腾浩荡，直奔浔阳；而长江的波浪如同卷起的白雪，声音如同雷声轰鸣，仿佛从九天上飞流直下。竭尽那九条河流的正涨潮的势头，也不足以抵挡长江旁溢的波浪。这九条河流只得像人屏住呼吸裹紧衣服一样不敢和长江争雄。九条河流越退却，长江越进逼，原来的那些坑洞、狭窄的地方根本不能承受长江的冲击，开始涨满潮水成为青草湖、赤沙湖、云梦湖。清丽世界，摇撼天地八九百里。而岳阳楼耸立于江湖交汇的地方，从早到晚，展示出它变幻无穷的吞吐之态，这是岳阳楼奇特的地方。

楼前面是君山，像一尊雀尾垆，劈开水面，正对着这座楼，山上的树木清晰可数。从君山上的酒香亭、朗吟亭远望洞庭湖，见到的水面最大，所以只因千里茫茫的一个大山谷里水面远接天边、日光沐浴其中为奇妙。从岳阳楼见到的水面稍窄，前面能看到长江北岸，正好必须以君山的妖媚来文饰它的不足（丑陋）。何况江湖在此交汇的气势，如果没有一座山来包容，只是莽莽洪流，又有什么意趣呢？所以楼的气势，有了水才雄壮，有了山才美丽。诗人李白的“刬”、张碧的“碍”，（用这样的词语形容君山）就像人们怜爱小孩子一样，把美的称呼得不美了，实质上不是贬义的词语啊。

我们游览的这一天，风和日丽，湖面像熨烫过一样平坦。不时有小船来来往往，如蝇头小字写在白色溪水的绢上。举酒同饮，意趣闲淡。中午时分，风渐渐大起来，湖水有汩汩的声音，很多船只排阵而来。傍晚，如炮车般的黑云升腾，狂风大作，湖面波浪奔腾，白色的波浪如雪山汹涌起伏，震撼城郭。我这时环顾四周一片惨淡，放下筷子站起来，忧惧悲伤、伤心流泪不能控制。

从前滕子京由庆州被贬官到这里，因不得志而心情忧郁，扩大原有城楼的规模建成了现在的岳阳楼。等到完工，宾客同僚请典礼大乐庆祝落成。滕子京说：“简直要扶着栏杆大哭一场才觉得痛快！”范仲淹“先忧后乐”的话，是因为滕子京有作为而发的感慨。定川寨之战，滕子京增高城墙招募士卒，告慰死者犒劳生者，边疆得以安宁。但后来执掌法律的官员却以耗费国家资财的罪名上书弹劾他，以后朝廷如此用人（把滕子京贬官到岳州），他怎么能不心生感慨呢？但是，他年纪轻轻就入朝做官，既是朝廷有名的文臣，又是知名的武将，年轻时就稍稍展示了自己的才华，又有范仲淹这样的名士做知心好友，（贬官）不久政绩卓著至极，又有什么值得哭的呢？而我，被诗文写作束缚，一下子就是四十多年，没有得到国家任何任用，黑色的鬓发已经白了，往日的壮志已渐消，近来又遭遇兄弟病故，我像冬日的大雁孤身一人，飘零天涯，这才真的值得哭啊，值得大哭一场啊！

袁中道是明代“公安派”领袖之一，与其兄长袁宗道、袁宏道并称“三袁”。他的创作以散文为佳，游记、日记、尺牍也各有特色。本文以凝练的语言写出了岳阳楼所处位置的独特风景，又用对比手法描绘出洞庭湖阴、晴不同的景色，以及作者触景生情所发出的人生感叹。

阅读时，借助注释、译文和工具书，初步读懂文意。积累常见的文言实词和虚词，特别是将“委”“练”“及”“已”“既”“盖”“以”“为”“至若”等词进行归类整理。

2. 观　潮

⊙〔宋〕周密

浙江[①]之潮，天下之伟观也。自既望以至十八日[②]为最盛。方其远出海门，仅如银线；既而渐近，则玉城雪岭[③]，际天[④]而来，大声如雷霆，震撼激射，吞天沃日[⑤]，势极雄豪。杨诚斋诗云“海涌银为郭，江横玉系腰”者是也。

每岁，京尹出浙江亭教阅水军，艨艟[⑥]数百，分列两岸；既而尽奔腾分合五阵[⑦]之势，并有乘骑、弄旗、标枪、舞刀于水面者，如履平地。倏尔黄烟四起，人物略不相睹，水爆[⑧]轰震，声如崩山。

---

① 浙江：钱塘江。

② 自既望以至十八日：从农历（八月）十六日到十八日。既望，农历十六日（十五日叫望）。

③ 玉城雪岭：形容泛着白沫的潮水像玉砌的城墙和大雪覆盖的山岭。

④ 际天：连接着天。

⑤ 沃日：冲荡太阳，形容波浪大。沃，用水淋洗，冲荡。

⑥ 艨艟（méng chōng）：战船。

⑦ 五阵：指两、伍、专、参、偏五种阵法。

⑧ 水爆：水军用的一种爆炸武器。

烟消波静，则一舸[1]无迹，仅有“敌船”为火所焚，随波而逝。

吴儿善泅者数百，皆披发文身，手持十幅大彩旗，争先鼓勇，溯迎而上，出没于鲸波万仞[2]中，腾身百变，而旗尾略不沾湿，以此夸能。

江干上下十余里间，珠翠罗绮溢目，车马塞途。饮食百物皆倍穹常时，而僦赁看幕[3]，虽席地不容间也。

译文

钱塘江的潮水，是天下雄伟的景观。从（农历）八月十六日到十八日潮水是最壮观的。当潮水远远地从钱塘江入海口涌起的时候，（远看）几乎像一条银白色的线；不久（潮水）越来越近，玉城雪岭一般的潮水连天涌来，声音大得像雷霆万钧，震撼天地，激扬喷射，吞没天空，冲荡太阳，气势极其雄伟豪壮。杨万里的诗中说的“海涌银为郭，江横玉系腰”就是指这样的景象。

每年（农历八月），京都临安府长官来到浙江亭校阅水军，几百艘战船分列两岸；不久水军的战船演习五阵的阵势，忽而疾驶，忽而腾起，忽而分，忽而合，极尽种种变化，同时有在水面上骑马、舞旗、举枪、挥刀的人，好像踩在平地上一样安稳。忽然黄色的烟雾从四面升起，人和物彼此一点儿也看不见，只听得水爆的轰鸣声，声音像山崩塌一样。（等到）烟雾消散，水波平静，就一条船的踪影也没有了，只剩下被火烧毁的“敌船”，随波而去。

几百个善于泅水的吴地健儿，披散着头发，身上画着文采，手里拿着用十

---

① 舸（gě）：船。

② 鲸波万仞（rèn）：万仞高的巨浪。鲸波，巨浪。鲸所到之处，波涛汹涌，所以称巨浪为鲸波。万仞，形容浪头极高，不是实指。

③ 而僦（jiù）赁（lìn）看幕：租用看棚的人（非常多）。而，表转折。僦、赁，都是租用的意思。看幕，为观潮而特意搭的棚。

幅布做成的大彩旗，奋勇争先，逆流迎着潮水而上，在极高的巨浪中忽隐忽现，翻腾着身子变换各种姿态，但是旗尾一点儿也没有被水沾湿，凭借这种表演来显示他们高超的技能。

十多里的江岸上，满眼都是穿着华丽服饰的观众，车马堵塞道路。吃喝等各种物品的价钱比平时要高出一倍以上，租用的看棚中间连一席之地都没有。

钱塘潮是世界三大涌潮之一，观赏钱塘潮，早在汉、魏时就已蔚然成风，至唐、宋时，此风更盛，历经2000余年，已成为民间习俗。本文用大量的比喻、夸张等修辞，写出了钱塘江大潮的雄豪、水军演练的壮观及弄潮儿的英姿，又以观潮人数之众，烘托观潮的盛况。

阅读时，借助注释、译文和工具书，初步读懂文意，体会钱塘潮的“势极雄豪”，感受作者的情怀。积累常见的文言实词和虚词，特别是将“观”“方”“既而”“际天”“岁”“倏尔”“为”“溯”“于”等词进行归类整理。

1. 记九溪十八涧

⊙〔清〕林纾

过龙井山数里，溪色澄然迎面，九溪之北流也。溪发源于杨梅坞。余之溯溪，则自龙井始。

溪流道万山中，山不峭而堑[1]，踵趾错互[2]，苍碧莫辨途径。沿溪取道，东瞥西匿，前若有阻而旋得路。水之未入溪号皆曰涧。涧以十八，数倍于九也。

余遇涧即止。过涧之水，必有大石亘其流。水石冲激，蒲藻交舞。溪身广四五尺，浅者沮洳[3]，由草中行。其稍深者，虽渟蓄[4]犹见沙石。

其山多茶树，多枫叶，多松。过小石桥，向理安寺路，石尤诡异。春箨[5]始解，攒动岩顶，如老人晞发。怪石折叠，隐起山

---

① 堑：本指壕沟，这里指山的沟壑。

② 踵趾错互：山脚互相交错。

③ 沮洳（jù rù）：由腐烂植物埋在地下而形成的泥沼。

④ 渟（tíng）蓄：水积聚而不流，形成水潭。渟，水停滞。

⑤ 箨（tuò）：竹笋上一片一片的皮。

腹，若橱，若几，若函书状。即林表望之，滃然带云气。杜鹃作花，点缀山路。岩日翳吐。出山已亭午矣。

时光绪己亥三月六日。同游者，达县吴小村、长乐高凤岐、钱塘邵伯絅。

译文

过龙井山再走几里路，一股清凉澄澈的溪流映入眼帘，这是九溪往北去的清流。溪水发源于杨梅坞。我沿这条溪流上行，从龙井开始出发。

溪流是从万山丛中流出来的。这些山并不陡峭，却有很多沟壑，山脚相互交错，树木丛生，茂盛苍翠，看不清上山的路径。沿着溪流找山路，看见东边又看不见西边；前面像是路被阻断了，走上去却发现有路。凡是水没有流进溪的都叫作涧。一共有十八条涧，数量正好是九条溪的两倍。

我往上走，遇到涧就停下细看。流过山涧的溪水，一定有大石块横阻在中间。流水和石块撞击，使水面的水草来回舞动。溪流宽四五尺，在水浅的沼泽，水从草丛中流过去；水积得稍深一点儿的地方，仍看得清水下的石子和沙子。

山上茶树多、枫树多、松树多。走过了小石桥，在通向理安寺的路上，岩石更加怪异。春笋开始脱壳，在岩顶上聚集并随风摆动，像是老人稀疏的头发。怪石重重叠叠，在山腰隐现，有的像橱，有的像桌子，有的像一匣子书的形状。向树林顶上望去，（看到那里）淡淡地罩着云气。杜鹃花正盛开，点缀着山路。太阳一时被岩石遮住，一时又露面。我们走出山坳，已经是中午了。

这次游览是在光绪二十五年三月初六。和我同游的，是达县人吴小村、长乐人高凤岐、钱塘人邵伯絅。

2. 岳阳楼记

⊙汪曾祺

岳阳楼值得一看。

长江三胜，滕王阁、黄鹤楼都没有了，就剩下这座岳阳楼了。

岳阳楼最初是唐开元中中书令张说所建，但在一般中国人的印象里，它是滕子京建的。滕子京之所以出名，是由于范仲淹的《岳阳楼记》。中国过去的读书人很少有没读过《岳阳楼记》的。《岳阳楼记》一开头就写道："庆历四年春，滕子京谪守巴陵郡。越明年，政通人和，百废具兴……"虽然范记写得很清楚，滕子京不过是"重修岳阳楼，增其旧制"，然而大家不甚注意，总以为这是滕子京建的。岳阳楼和滕子京这个名字分不开了。滕子京一生做过什么事，大家不去理会，只知道他修建了岳阳楼，好像他这辈子就做了这一件事。滕子京因为岳阳楼而不朽，而岳阳楼又因为范仲淹的一记而不朽。若无范仲淹的《岳阳楼记》，不会有那么多人知道岳阳楼，有那么多人对它向往。《岳阳楼记》通篇写得很好，而尤其为人传诵者，是"先天下之忧而忧，后天下之乐而乐”这两句名言。可以这样说：岳阳楼是由于这两句名言而名闻天下的。这大概是滕子京始料所不及，亦为范仲淹始料所不及。这位“胸中自有数万甲兵”的范老子的事迹大家也多不甚了了，他流传后世的，除了几首词，最突出的，便是一篇《岳阳楼记》和《记》里的这两句话。这两句话哺育了很多后代人，对中国知识分子的品德的形成，产生了极其深远的影响。匹夫而为百世师，一言而为天下法，呜呼，立言的价值之重且大矣，可不慎哉！

写这篇《记》的时候，范仲淹不在岳阳，他被贬在邓州，而且听说他根本就没有到过岳阳，《记》中对岳阳楼四周景色的描写，完全出诸想象。这真是不可思议的事。他没有到过岳阳，可是比许多久住岳阳的人看到的还要真切。岳阳的景色是想象的，但是“先天下之忧而忧，后天下之乐而乐”的思想却是久经考虑，出于胸臆的，真实的、深刻的。看来一篇文章最重要的是思想。有了独特的思想，才能调动想象，才能把在别处所得到的印象概括集中起来。范仲淹虽可能没有看到过洞庭湖，但是他看到过很多巨浸大泽。他是吴县（今江苏省苏州市吴中区）人，太湖是一定看过的。我很怀疑他对洞庭湖的描写，有些是从太湖印象中借用过来的。

现在的岳阳楼早已不是滕子京重修的了。这座楼烧掉了几次。据《巴陵县志》载：岳阳楼在明崇祯十二年毁于火，推官陶宗孔重建。清顺治十四年又毁于火，康熙二十二年由岳州知府李遇时、巴陵知县赵士珩捐资重建。康熙二十七年又毁于火，直到乾隆五年由总督班第集资修复。因此范记所云“刻唐贤今人诗赋于其上”，已不可见。现在楼上刻在檀木屏上的《岳阳楼记》系张照所书，楼里的大部分楹联是到处写字的“道州何绍基”写的，张、何皆清中期人。但是人们还相信这是滕子京修的那座楼，因为范仲淹的《岳阳楼记》实在太深入人心了。也很可能，后来两次修复，都还保存了滕楼的旧样。九百多年前的规模格局，至今犹能得其仿佛，斯可贵矣。

我在别处没有看见过一个像岳阳楼这样的建筑。全楼为四柱、三层、盔顶的纯木结构。主楼三层，高十五米，中间以四根楠木巨柱从地到顶承荷全楼大部分重力，再用十二根宝柱作为内围，外围绕以十二根檐柱，彼此牵制，结为整体。全楼纯用木料构成，逗缝对榫，没用一钉一铆，一块砖石。楼的结构精巧，但是看起来端庄浑厚，落落大方，没有搔首弄姿的小家子气，在烟波浩渺的洞庭湖上很压得住，很有气魄。

岳阳楼本身很美，尤其美的是它所占的地势。“滕王高阁临江渚”，看来和长江是有一段距离的。黄鹤楼在蛇山上，晴川历历，芳草萋萋，宜俯瞰，宜远眺，楼在江之上，江之外，江自江，楼自楼。岳阳楼则好像直接从洞庭湖里长出来的。楼在岳阳西门之上，城门口即是洞庭湖。伏在楼外女墙上，好像洞庭湖就在脚底，丢一个石子，就能听见水响。楼与湖是一整体。没有洞庭湖，岳阳楼不成其为岳阳楼；没有岳阳楼，洞庭湖也就不成其为洞庭湖了。站在岳阳楼上，可以清清楚楚看到湖中帆船来往，渔歌互答，可以扬声与舟中人说话；同时又可远看浩浩汤汤，横无际涯，北通巫峡，南及潇湘的湖水，远近咸宜，皆可悦目。“气蒸云梦泽，波撼岳阳城”，并非虚语。

我们登岳阳楼那天下雨，游人不多。有三四级风，洞庭湖里的浪不大，没有起白花。本地人说不起白花的是“波”，起白花的是“涌”。“波”和“涌”有这样的区别，我还是第一次听到。这可以增加对于“洞庭波涌连天雪”的一点新的理解。

夜读《岳阳楼诗词选》。读多了，有千篇一律之感。最有气魄的还是孟浩然的那一联，和杜甫的“吴楚东南坼，乾坤日夜浮”。刘禹锡的“遥望洞庭山水色，白银盘里一青螺”，化大境界为小景，另辟蹊径。许棠因为《过洞庭湖》一诗，当时号称“许洞庭”，但“四顾疑无地，中流忽有山”，只是工巧而已。滕子京的《临江仙》把“气蒸云梦泽，波撼岳阳城”“曲终人不见，江上数峰青”整句地搬了进来，未免过于省事！吕洞宾的绝句“朝游岳鄂暮苍梧，袖里青蛇胆气粗。三醉岳阳人不识，朗吟飞过洞庭湖”，很有点仙气，但我怀疑这是伪造的（清人陈玉垣《岳阳楼》诗有句云“堪惜忠魂无处奠，却教羽客踞华楹”，他主张岳阳楼上当奉屈左徒为宗主，把楼上的吕洞宾的塑像请出去，我准备投他一票）。写得最美的，还是屈大夫的“袅袅兮秋风，洞庭波兮木叶下”，两句话把洞庭湖就写完了！

3. 想起范仲淹

⊙周大新

在宋朝写词作文的人中，我常想起的，是范仲淹。

我之所以常想起他，最初是因为他那些写离愁别绪的词句特别能打动我的心："浊酒一杯家万里，燕然未勒归无计""明月楼高休独倚。酒入愁肠，化作相思泪""愁肠已断无由醉，酒未到，先成泪"。客居异乡的我，每每读了这些词句总能引起心的共振。后来知道他曾在西部边陲守边四年，率兵御西夏，更对他产生了佩服之心，自己身为军人，当然知道戍边的那份辛苦和不易。再后来读史书知道他在朝中做官时，敢于上书直谏，力主改革施行于民有利的新政，更对他生了钦敬之心。再后来晓得了他的家事，知道他两岁丧父，母亲带着他改嫁，幼年生活十分贫苦，长大后发奋读书，昼夜苦学，终于凭自己本领考中了进士，便对他越加敬服了。

令我常常想起他的另一个原因，是因为他在我的故乡邓州曾做过一任知州。邓州在做过一回邓国的都城，风光了一些年之后，长时期陷入了默默无闻的境地。直到1046年，范仲淹被贬降到邓州做知州时，邓州的名字才又渐渐响亮起来。他的任期虽短，可给邓州我们这些后人留下了不少值得记住的东西。

1046年的范仲淹，已是五十七八岁的老人了。而且就在前一年，他在宋仁宗支持下施行的“庆历新政”改革失败，他被罢参知政事职务，逐出京都。若是一般人，此时肯定是牢骚满腹，得过且过，喝喝闷酒……再不会去努力做什么了。但范仲淹不，他上任伊始，就四处察访民间疾苦，了解百姓之忧。之后，他就开始做两件事：一件是重农事，督促属下为百姓种粮提供方便，让人们把地种好，有粮食吃；一件是兴学育才，在城东南隅办花洲书院，为邓州长远的繁荣培育人才。

就是他办的这后一件事让邓州的名字在大宋国里又响亮起来。据传，他亲自踏勘书院地址，亲自审视书院的设计。他从远处为书院请来讲学的老师，他还抽暇亲自为书院学生讲学。据传，他在书院倡导有讲有问有辩。花洲书院的名字随着范仲淹的名字开始向四处传扬，一时令远近州县的学子们激动起来，有人步行来书院观览盛景，有人骑马来求留院学习。据说，连北边有名的嵩阳书院也派人来问传授学问之法了。

也就在1046这一年，范仲淹的好友滕子京在湖南岳州主持修缮城池，当岳州城面向洞庭湖的西城门楼——岳阳楼修复工程告竣时，滕子京写信给范仲淹，并附“洞庭晚秋图”一幅，派人到邓州请范仲淹为重修后的岳阳楼作记。现在已不知道信使抵达邓州时的具体情景了，我猜想，那可能是一个黄昏，就在新修后的花洲书院里，范仲淹接过了信使呈上的老友来信。他边在夕阳里读信边想起了与滕子京在宋真宗大中祥符八年同时考中进士的那种欢欣之状，想起二人曾共同参与修复泰州海堰工程的情景，想起两人当年在润州共论天下事的豪情，想起在西北前线二人一同领兵抗击西夏侵略的往事，想起二人一同遭陷被贬的现状，一时百感交集，遂转身进屋，展纸提笔就写，于是，千百年来一直脍炙人口的散文杰作《岳阳楼记》，便诞生了。

不过是一个时辰的挥笔书写，却给多少代人带来了阅读的快感和深思。就在这篇不长的散文里，范仲淹记事、写景、言情、说理，把他“不以物喜，不以己悲，居庙堂之高则忧其民，处江湖之远则忧其君”的宽阔胸怀展示了出来，并给我们留下了忧国忧民的千古警句：先天下之忧而忧，后天下之乐而乐。从此，人们只要一说到这个警句，就会想起范仲淹，也跟着会想起《岳阳楼记》和它的诞生地——中原邓州。邓州这个地方因一篇文章而长久地留在了人们的记忆里。

人们直到今天还不断重提“先天下之忧而忧，后天下之乐而乐”这个警句，是因为天下仍有忧有乐，人们尤其是知识分子和官场中人，面对忧乐时，取先乐后忧或取只乐不忧的，还大有人在。任何事情的出现都不会是无缘无故，包括一个警句的时兴。

范仲淹用他的文章给天下人也包括给邓州人送去了美的享受和千古警示，人们包括邓州人自然不会忘记他，邓州人千方百计筹款，重修了他当年修建的花洲书院，使书院再现了当年的那幅盛景。如今，当你在书院的讲堂里、小院中、游廊内和荷池旁踱步时，你会不由得想起那个以天下为己任的被贬知州，会不由得猜测他在哪所房子里写下了《岳阳楼记》，会不由得去猜他来邓州上任时的那份复杂心绪。

范仲淹是在写完《岳阳楼记》的六年后去世的。我估计，在他挥笔书写《岳阳楼记》时，疾病可能已经缠上了他的身子，只是他浑然不觉，仍在为天下忧虑，为百姓和朝政忧思。1052年他在徐州与这个世界作别的那一刻，他应该是心神两宁的，因为不论是作为一个官人还是作为一个男人抑或是作为一个文人，他都做了他所能做的，都做得很好，他对他的时代问心无愧。也是因此，他值得我们后人尊敬。我身为一个军人一个文人一个男人，每一想到他，就会觉得，他值得我效仿的地方真是很多。每一想到他，我也常会问自己：范仲淹在近千年前做到的，你都能做到吗?

我还会经常想起你，老前辈!

单元学习任务

任务一

请依据示例的方法，梳理《岳阳楼记》（汪曾祺）、《想起范仲淹》的文章思路。

《记九溪十八涧》：龙井山→溪流→沿溪流上行→溪流从万山丛来→找山路→往上走→找山路→走过石桥→理安寺→走出山坳

《岳阳楼记》：

《想起范仲淹》：

任务二

学校的七年级学生要到湖南省岳阳市参加研学活动，其中岳阳楼是此次研学中的重要一程，请你在阅读袁中道的《游岳阳楼记》、汪曾祺的《岳阳楼记》、周大新的《想起范仲淹》之后，以“岳阳楼的前世今生”为题，为同学们简介岳阳楼。

任务三

《岳阳楼记》让我们认识了以天下为己任的范仲淹；汪曾祺的《岳阳楼记》中，我们看到了别样的岳阳楼和范仲淹；周大新笔下，花洲书院中的范仲淹是为官一任、造福一方的父母官。你眼中的范仲淹又是什么样子的呢？请依据文章内容，完成下面图表。

范仲淹《岳阳楼记》中：

汪曾祺《岳阳楼记》中：

范仲淹

周大新《想起范仲淹》中：

你眼中：

山亭景趣

对于广袤无边的平原而言，山，犹如令人敬仰的圣贤，不露声色地诠释着生命的博大、肃穆与庄严。坐落于山间的亭台楼阁，则如圣贤的眼目，默默无言地诉说着人世间的无常变迁、悲喜离合。文人墨客们常常于登临之际，心旷神怡，文思勃发。若邀三五好友，饮酒品茗，畅谈人生，自然更妙不可言。

本单元文章多写山亭景趣，阅读时可设想置身其中“足以极视听之娱”，任意“游目骋怀”。同时，仔细阅读文章，理清文中的写景顺序，体会文言文中大量的“也”“而”等虚词在关联文意、表达语气等方面的作用。

1. 丰乐亭[①]记

⊙〔宋〕欧阳修

修既治滁之明年，夏，始饮滁水而甘。问诸滁人，得于州南百步之近。其上则丰山，耸然而特立；下则幽谷，窈然而深藏；中有清泉，滃然[②]而仰出。俯仰[③]左右，顾而乐之。于是疏泉凿石，辟地以为亭，而与滁人往游其间。

滁于五代干戈[④]之际，用武之地也。昔太祖皇帝尝以周师破李景兵十五万于清流山下，生擒其将皇甫晖、姚凤于滁东门之外，遂以平滁。修尝考其山川，按其图记，升高以望清流之关，欲求晖、凤就擒之所。而故老皆无在者，盖天下之平久矣。自唐失其政，海内分裂，豪杰并起而争，所在为敌国者，何可胜数？及宋受天命，圣人出而四海一。向之凭恃险阻，划削消磨，百年

① 丰乐亭：在今安徽滁州城西丰山北，为欧阳修被贬滁州后建造。

② 滃（wěng）然：水势盛大的样子。

③ 俯仰：环顾。

④ 干戈：古代兵器，此指战争。

之间，漠然徒见山高而水清。欲问其事，而遗老[①]尽矣！

今滁介江、淮之间，舟车商贾[②]、四方宾客之所不至，民生不见外事，而安于畎亩衣食，以乐生送死。而孰知上之功德，休养生息，涵煦于百年之深也。

修之来此，乐其地僻而事简，又爱其俗之安闲。既得斯泉于山谷之间，乃日与滁人仰而望山，俯而听泉。掇幽芳而荫乔木[③]，风霜冰雪，刻露清秀，四时之景，无不可爱。又幸其民乐其岁物之丰成，而喜与予游也。因为本其山川，道其风俗之美，使民知所以安此丰年之乐者，幸生无事之时也。

夫宣上恩德，以与民共乐，刺史之事也。遂书以名其亭焉。

译文

我担任滁州太守后的第二年夏天，才喝到滁州的泉水，觉得很是甘甜。于是向滁州人打听这泉水的发源地，就在距离滁州城南面一百步的近处。它的上面是丰山，高耸地矗立着；下面是深谷，幽暗地潜藏着；中间有一股清泉，水势汹涌，向上涌出。在这里，无论俯视仰望，还是左顾右盼，都令人心旷神怡。于是，我就叫人疏通泉水，凿开石头，拓出空地，造了一座亭子，我和滁州人在这美景中往来游乐。

滁州在五代战乱时，是个互相争夺的地区。过去，太祖皇帝曾经率领后周的大军，在清流山下击溃李璟的十五万军队，在滁州东门的外面活捉了大将皇

① 遗老：指经历战乱的老人。

② 舟车商贾：坐船乘车的商人。

③ 掇（duō）幽芳而荫乔木：春天采摘清香的花草，夏天在树荫下休息。掇，拾取。荫，荫庇，乘凉。

甫晖、姚凤，从而平定了滁州。我曾经考察过滁州地区的山水，按照地图和记载，登上高山来眺望清流关，想寻找皇甫晖、姚凤被捉的地方。可是，知道那些往事的人都已经不在了，大概是因为天下太平的时间已经很久了。自从唐朝混乱失政，全国四分五裂，英雄豪杰们全都起来争夺天下，到处都是敌对的政权，哪能数得清呢？到了大宋朝接受天命，圣人一出现，全国就统一了。以前的凭借险要的割据者都被平定消灭了，近百年来天下安宁，处处山高水清。想要问问那时的情形，可是经历过的老年人都已经不在人世了。

如今，滁州处在长江、淮河之间，是乘船坐车的商人和四面八方的旅游者都不到的地方。百姓不知道外面的事情，只是安于自己的农耕生活，欢乐地过日子，直到老死。有谁知道这是皇帝的功德，让百姓休养生息，滋润化育达到百年之久呢？

我来到这里，喜欢这地方僻静而政事简单，又爱这里的民风安恬闲适。在山谷间找到这样的甘泉之后，就每天同滁州的士人来游玩，仰望高山，俯听流泉。春天采摘幽香的鲜花，夏天享受绿树的阴凉，刮风落霜结冰飞雪的时候，更显秀美，四时的风光，无一不令人喜爱。又庆幸遇到民众因年年丰收而高兴，乐意与我同游。为此，我描绘这里的山脉河流，叙述这里风俗的美好，让民众知道之所以能够安享丰年的欢乐，是因为有幸生于这太平的时代。

宣扬皇上的恩德，和民众共享欢乐，这是刺史的职责。于是我就写下这篇文章来为这座亭子命名。

学习提示

本文除记述修建丰乐亭的经过及与滁人共游之乐外，还描绘了滁州从战乱到太平的变迁，表达了作者珍惜安定生活和与民同乐的政治思想。

阅读这篇文章，在反复朗读中积累“者”“也”等文言词语，体会作者期待天下太平、百姓和乐的思想感情。

2. 冷泉亭记

⊙〔唐〕白居易

东南山水，余杭郡为最。就郡言，灵隐寺为尤；由寺观，冷泉亭为甲。亭在山下，水中央，寺西南隅。高不倍寻，广不累丈，而撮奇[①]得要[②]，地搜胜概，物无遁形[③]。

春之日，吾爱其草薰薰，木欣欣，可以导和纳粹[④]，畅人血气。夏之夜，吾爱其泉渟渟，风泠泠[⑤]，可以蠲[⑥]烦析酲[⑦]，起人心情。山树为盖，岩石为屏，云从栋生，水与阶平。坐而玩之者，可濯足于床下；卧而狎之者，可垂钓于枕上。矧又潺湲[⑧]洁澈，

---

① 撮（cuō）奇：聚集奇景。

② 得要：获得要领。

③ 物无遁（dùn）形：在亭上看灵隐寺的美景，一览无余。物，指景物。遁形，隐藏形态，指山水草木被遮蔽而看不见。

④ 导和纳粹：呼吸新鲜空气。粹，精华。

⑤ 泠（líng）泠：清凉。

⑥ 蠲（juān）：消除。

⑦ 析酲（chéng）：解酒，使头脑清醒。

⑧ 潺湲（chán yuán）：形容河水等慢慢流动的样子。

粹冷[1]柔滑。若俗士，若道人，眼耳之尘，心舌之垢，不待盥涤，见辄除去。潜利阴益，可胜言哉！斯所以最余杭而甲灵隐也。

杭自郡城抵四封，丛山复湖，易为形胜。先是领郡者，有相里君造虚白亭，有韩仆射皋作候仙亭，有裴庶子棠棣作观风亭，有卢给事元辅作见山亭，及右司郎中河南元薁最后作此亭。于是五亭相望，如指之列，可谓佳境殚矣，能事[2]毕矣。后来者虽有敏心巧目，无所加焉。故吾继之，述而不作。

长庆三年八月十三日记。

译文

东南地区的山水胜景，杭州一带是最好的。在郡里，灵隐寺的景致最为突出；灵隐寺的景观中，冷泉亭为第一。冷泉亭筑在灵隐山下面，石门涧中央，灵隐寺西南角。它高不到十六尺，宽不超过两丈，但是这里集中了最奇丽的景色，包罗了最主要的景物，从这里可以将灵隐寺的美景一览无余。

春天，我爱它花草的芬芳、树林的茂盛，在这里可以吸入纯净新鲜的空气，使人心平气顺，气血舒畅。夏夜，我爱它泉水轻流、清风凉爽，在这里可以消去烦恼，解除酒醒后的疲惫，激发游人的兴致。山上的树林是亭子的大伞，四周的岩石是亭子的屏障，云从亭子的栋梁上生出，水与亭的台阶相齐平。你坐着玩赏，可用亭椅下的清泉洗脚；你卧着玩赏，可在枕边垂竿钓鱼。何况这里还有清澈的潺潺涧水，不息地缓缓流过，水质纯净，清凉柔滑。不论你是个凡夫俗子，或者是出家的人，你看到的听到的邪恶门道，你想着的要说的肮脏念头，不待那清泉洗涤，一看见它就会被清除干净。无形中给人们的好

① 粹冷：形容水清凉。

② 能事：指从事山水胜境构筑的能力。

处，说也说不完！所以我说冷泉亭是余杭郡最优美的地方、灵隐寺第一的好去处啊！

余杭郡从郡城到四郊，山连山、湖连湖，有极多风景秀美的地方。过去在这里做太守的人，有位相里君，修筑了虚白亭；仆射韩皋，修筑候仙亭；庶子裴棠棣，修筑观风亭；给事卢元辅，修筑见山亭；右司郎中河南人元藇，最后筑了这个冷泉亭。这样，五亭相互可以望见，像五个手指排列在一起，可以说，全郡的美景都在这些地方了，已极尽人们的山水胜境构筑之能事。后来主持郡政的人即使有巧妙的心思和眼光，也无法再添加什么了。所以我这个继任者到这里以后，只作记述，不再添造新的亭子。

长庆三年八月十三日记。

学习提示

本文是白居易任杭州刺史期间所作的一篇写景散文，文章结构简洁，层次清楚，夹叙夹议，情理交融，既得体地赞扬了前任的政绩，又富有游记的情趣，表现了美好的山水风景给人带来的精神上的熏陶。

阅读这篇文章，在理解文意的基础上，学习作者写景的方法，体会作者的思想感情。

1. 醒心亭[1]记

⊙〔宋〕曾巩

滁州之西南，泉水之涯，欧阳公作州[2]之二年，构[3]亭曰“丰乐”，自为记，以见其名之意。既，又直丰乐之东几百步，得山之高，构亭曰“醒心”，使巩记之。

凡公与州之宾客者游焉，则必即丰乐以饮。或醉且劳矣，则必即醒心而望，以见夫群山之相环，云烟之相滋，旷野之无穷，草树众而泉石嘉，使目新乎其所睹，耳新乎其所闻，则其心洒然[4]而醒，更欲久而忘归也。故即其所以然而为名，取韩子退之《北湖》之诗云。噫！其可谓善取乐于山泉之间，而名之以见其实[5]，又善者矣。

虽然，公之乐，吾能言之。吾君优游而无为于上，吾民给足

---

① 醒心亭：古亭名，在滁州西南丰乐亭东的山上，欧阳修所建。

② 作州：任知州。

③ 构：建筑。

④ 洒然：不拘束的样子。

⑤ 其实：这个地方真实的情景。

而无憾于下。天下之学者，皆为材且良[①]；夷狄、鸟兽、草木之生者，皆得其宜，公乐也。一山之隅[②]，一泉之旁，岂公乐哉？乃公所以寄意[③]于此也。

若公之贤，韩子殁数百年而始有之。今同游之宾客，尚未知公之难遇也。后百千年，有慕公之为人，而览公之迹，思欲见之，有不可及之叹，然后知公之难遇也。则凡同游于此者，其可不喜且幸欤？而巩也，又得以文词托名[④]于公文之次，其又不喜且幸欤！

庆历七年八月十五日记。

译文

在滁州的西南方，一泓泉水的旁边，欧阳修出任知州的第二年，建造了一个叫“丰乐”的亭子，他自己写了一篇记，来说明他取这个名字的用意。不久之后，又在丰乐亭往东几百步，找到一个山势高的地方，建了一座叫“醒心”的亭子，并且还让我为此做一篇记。

凡是欧阳公和宾客来这里游览，就一定会到丰乐亭饮酒。有人喝醉并且劳累了，就一定会到醒心亭观望风景，欣赏环绕的群山、越聚越多的云烟、一望无际的旷野、茂盛的花草树木、秀丽的山泉岩石，所见到的美景使眼睛为之一亮，所听到的泉声使耳朵为之一新，于是心胸顿觉清爽，酒也醒了，甚至更想久游而忘了回去。所以根据这个缘故给亭子命名，取韩愈《北湖》诗的意思，

---

① 良：泛指有才能。

② 隅（yú）：角落。

③ 寄意：寄托自己的心意。

④ 托名：依托他人而扬名。

叫它“醒心亭”。啊！这真可以说擅长从山泉之间获得乐趣，而且根据所见到的美景给它取名，这就更有水平了。

尽管如此，欧阳公真正的快乐，我可以说出来。我们的国君在上能悠然自得、清静无为，我们的百姓在下能丰衣足食、心无不满。天下的读书人都贤德有才能，四方的百姓以及鸟兽、草木等凡有生命的，都各得其所，这才是欧阳公真正的快乐所在。一个山角落，一汪清泉水，哪会是欧阳公的快乐所在呢？这不过是他将快乐之情寄托在山水之间罢了。

像欧阳公这样的贤德之士，韩愈去世后数百年才出现一个。现在与他同游的宾客都还不了解欧阳公这样的人是很难遇到的。千百年后，有人仰慕欧阳公的为人，来瞻仰他的遗迹，想要见他一面，却又因没办法见到而感叹，到那时才真正明白遇到欧阳公的难得。所以，凡是与他在这里同游的人，能不感到欢喜和幸运吗？而我曾巩又能够以这篇文章托名在欧阳公文章的后面，又岂能不感到喜悦与幸运呢？

庆历七年八月十五日记。

2. 陶然亭

⊙张恨水

陶然亭好大一个名声，它就跟武昌黄鹤楼、济南趵突泉一样。来过北京的人回家后，家里一定会问："你到过陶然亭吗？"因之在三十五年前，我到北京的第一件事，就是去逛陶然亭。

那时候没有公共汽车，也没有电车。找了一个三秋日子，真可以说是云淡风轻，于是前去一逛。可是路又极不好走，满地垃圾，坎坷不平，高一脚，低一脚。走到陶然亭附近，只看到一片芦苇，远处呢，半段城墙。至于四周人家，房屋破破烂烂。不仅如此，到处还有乱坟葬埋。虽然有些树，但也七零八落，谈不到什么绿荫。我手拂芦苇，慢慢前进。可是飞虫乱扑，最可恨的是苍蝇蚊子到处乱钻。我心想，陶然亭就是这个样子吗？

所谓陶然亭，并不是一个亭，是一个土丘，丘上盖了一所庙宇。不过北西南三面，都盖了一列房子，靠西的一面还有廊子，有点像水榭的形势。登这廊子一望，隐隐约约望见一抹西山，其近处就只有芦苇遍地了。据说这一带地方是饱经沧桑的，早年原不是这样，有水，有船，也有些树木。清朝康熙年间，有位工部郎中江藻，他看此地还有点野趣，就盖了此座庭院。采用了白居易的诗“更待菊黄家酿熟，与君一醉一陶然”的句子，称它作陶然亭；后来成为一些文人在重阳登高宴会之所。到了乾隆年间，这地方成了一片苇塘。乱坟本来就有，以后年年增加，就成为三十五年前我到北京来的模样了。

过去，北京景色最好的地方，都是皇帝的禁苑，老百姓是不能去的。只有陶然亭地势宽阔，又有些野景，它就成为普通百姓以及士大夫游览聚会之地。同时，应科举考试的人，中国哪一省都有，到了北京，陶然亭当然去逛过。因之陶然亭的盛名，在中国就传开了。我记得作《花月痕》的魏子安，有两句诗说陶然亭，诗说：“地匝万芦吹絮乱，天空一雁比人轻。”这要说到气属三秋的时候，说陶然亭还有点像。可是这三十多年以来，陶然亭一年比一年坏。我三度来到北京，而且住的日子都很长，陶然亭虽然去过一两趟，总觉得“地匝万芦吹絮乱”句子而外，其余一点什么都没有。真是对不住那个盛名了。

1955年听说陶然亭修得很好；1956年听说陶然亭更好，我就在6月中旬，挑了一个晴朗的日子，带着我的妻女，坐公共汽车前去。一望之间，一片绿荫，露出两三个亭角，大道宽坦，两座辉煌的牌坊，遥遥相对。还有两路小小的青山，分踞着南北。好像这就告诉人，山外还有山呢。妻说：“这就是陶然亭吗？我自小在这附近住过好多年，怎么改造得这样好，我一点都不认识了。”我指着大门边一座小青山说：“你看，这就是窑台，你还认得吗？”妻说：“哎呀！这山就是窑台？这地方原是个破庙，现在是花木成林，还有石坡可上啊！”她是从童年就生长在这里的人，现在连一点都不认得了。从她吃惊的情形就可以感觉到：陶然亭和从前一比，不知好到什么地步了。

陶然亭公园里面沿湖有三条主要的大路，我就走了中间这条路，路面是非常平整的。从东到西约两里多路宽的地方，挖了很大很深的几个池塘，曲折相连。北岸有游艇出租处，有几十只游艇，停泊在水边等候出租。我走不多远，就看见两座牌坊，雕刻精美，金碧辉煌，仿佛新制的一样。其实是东西长安街的两个牌楼迁移到这里重新修起来的。这两座妨碍交通的建筑在这里总算找到了它的归宿。

走进几步，就是半岛所在，看去，两旁是水，中间是花木。山脚一座凌霄花架，作为游人纳凉的地方。山上有一四方凉亭。山后就是过去香冢遗迹了。原来立的碑，尚完整存在，一诗一铭，也依然不少分毫。我看两个人在这里念诗，有一个人还是斑白胡子呢。顺着一条岔路，穿了几棵大树上前，在东角突然起一小山，有石级可以盘曲着上去。那里绿荫蓬勃，都是新栽不久的花木，都有丈把高了。这里也有一个亭子，站在这里，只觉得水木清华，尘飞不染。我点点头说：“这里很不错啊！”

西角便是真正陶然亭了。从前进门处是一个小院子，西边脚下，有几间破落不堪的屋子。现在是一齐拆除，小院子成了平地，当中又栽了十几棵树，石坡也改为水泥面的。登上土坛，只见两棵二百年的槐树，正是枝叶葱茏。远望四围一片苍翠，仿佛是绿色屏障，再要过了几年，这周围的树，更大更密，那园外尽管车水马龙，一概不闻不见，园中清静幽雅，就成为另一世界了。我们走进门去，过厅上挂了一块匾，大书“陶然”二字。那几间庙宇，可以不必谈。西南北三面房屋，门户洞开，偏西一面有一带廊子，正好远望。房屋已经过修饰，这里有服务处卖茶，并有茶点部。坐在廊下喝茶，感到非常幽静。

近处隔湖有云绘楼，水榭下面，清池一湾，有板桥通过这个半岛。我心里暗暗称赞：“这样确是不错！”我妻就问：“有一些清代的小说之类，说起饮酒陶然亭，就是这里吗？”我说：“不错，就是我们坐的这里。你看这墙上嵌了许多石碑，这就是那些士大夫们留的文墨。至于好坏一层，用现在的眼光看起来，那总是好的很少吧。”

坐了一会儿，我们出了陶然亭，又跨过了板桥，这就上了云绘楼。这楼有三层，雕梁画栋，非常华丽。往西一拐，露出了两层游廊，游廊尽处，又是一层，题曰清音阁。阁后有石梯，可以登楼。这楼在远处觉得十分富丽雄壮，及向近处看，又曲折纤巧。打听别人，才知道原来是从中南海移建过来的。它和陶然亭隔湖相对，增加不少景色。

公园南面便是旧城脚下，现已打通了一个豁口。沿湖岸东走，处处都是绿荫，水色空蒙，回头望望，湖中倒影非常好看。

又走了半里路，面前忽然开朗，有一个水泥面的月形舞场，四周柱灯林立。舞池足可以容纳得下二三百人。当夕阳西下，各人完了工，邀集二三友好，或者泛舟湖面，或者就在这里跳舞，是多好的娱乐啊！对着太平街另外一门，杨柳分外多，一面青山带绿，一面是清水澄明，阵阵轻风，扑人眉发。晚来更是清静。再取道西进，路北有小山一叠，有石级可上，山上还有一亭小巧玲珑。附近草坪又厚又软。这里的草，是河南来的，出得早，枯萎得晚，加之经营得好，就成了碧油油的一片绿毯了。

回头，我们又向西慢慢地徐行。过了儿童体育场，和清代时候盖的抱冰堂，就到了三个小山合抱的所在，这三个小山，把园内西南角掩藏了一些。如果没有这山，就直截了当地看到城墙这么一段，就没有这样妙了。

园内几个池塘，共有二百八十亩大，1952年开工，就只挖了一百七十天就完工了，挖出的土就堆成七个小山，高低参差，增加了立体的美感。

这一趟游陶然亭公园，绕着这几座山共走了约五里路，临行还有一点留恋。这个面目一新的陶然亭，引起我不少深思。要照从前的秽土成堆，那过了两三年就湮没了。有些知道陶然亭的人，恐怕只有在书上找它的陈迹了吧？现在逛陶然亭真是其乐陶陶了。

3. 三贬三境界

⊙刘会然

在古代，因为种种原因被贬的作家很多，通过被贬作家作品，可以看出他们迥然的胸怀，“唐宋八大家”之中的柳宗元、苏轼和欧阳修极具典型，纵观三人贬后的作品，真可谓“三贬三境界”。从不同的境界中，我们也可以感悟自我经受磨难后应有的心态。

柳宗元入朝为官后，积极参与王叔文集团政治革新，唐永贞元年（805）九月，因革新失败，被贬邵州刺史，十一月柳宗元加贬永州司马，在此期间，写下了著名的《永州八记》。

《永州八记》中以《小石潭记》最为著名，作者通过他的笔向人们描述出了一个清幽宁静的小石潭风景。文章开头用未见其形、先闻其声的写法展示小石潭。以鱼写潭，极力写出了潭水之清澈；以鱼写人，灵动而又充满喜气。作者从状形、传神、布影、设色等方面给我们描绘了一幅美丽异常的小石潭风采图，而作者在结尾却以清寂幽邃之境写出了自己凄寒悄怆之感。

一切景语皆情语。作者显然还没有摆脱被贬的愤懑情怀。从景“乐”和“情”忧中可以看出，作者极力写“景乐”，但乐只是忧的另一种形式。柳宗元参与改革，失败被贬，心中愤懑难平，因而凄苦是他感情的主调，而寄情山水正是为了摆脱这种抑郁的心情；但这种欢乐毕竟是暂时的，一经凄清环境的触发，忧伤悲凉的心情又会流露出来。纵使景再美，但被贬后的柳宗元还是沉湎在个人哀怨的境界中，这是一种个人的小情怀。

苏轼，字子瞻，号“东坡居士”，世称“苏东坡”。苏轼与父苏洵、弟苏辙并称“三苏”，父子同列“唐宋八大家”。元丰三年（1080）因“乌台诗案”受诬陷被贬黄州任团练副使，在黄州四年多曾于城东之东坡开荒种田，故自号“东坡居士”。

苏轼在贬居黄州时，留下了大量诗文，在《水调歌头》一曲和《记承天寺夜游》一文中可以看出他当时的心情。

在《记承天寺夜游》中，苏轼先点明夜游的起因与时间，为美好的月色而心动，遂起夜游之意；接着运用比喻的方法描绘庭院月色；最后用两个反问句令人深思。作者抒发面对月光发生的感触，“但少闲人如吾两人者耳”可以看出苏轼有被贬后的苦闷，但更多是一种感慨与自傲。

苏轼罹文字狱，贬为黄州团练副使，近乎流放，心情忧郁。但是，他仍然有进取之心，他月夜游寺正是消释抑郁的具体行为，想从大自然的美景中寻求精神的寄托。特定性“闲人”称谓，表现了他内心极其旷达。作者不是沉溺于感情的深渊中，而是积极寻求解脱，也使得这篇散文显得静美、隽永。

同样，在《水调歌头》中，作者与弟弟苏辙多年未见，加上“我欲乘风归去”的政治理想，可朝廷再大也容不下他单薄的身躯，在中秋之时，理想与现实困顿之际，作者没有哀怨悲鸣，而是表现出一种美好的、普天的祝愿：“但愿人长久，千里共婵娟。”

可以看出，被贬后的苏轼超脱个人哀怨之后的豪迈境界。这是一种自我释放的大胸襟。

欧阳修，字永叔，号醉翁，自称庐陵人。宋景祐三年（1036），范仲淹因上章批评时政，被贬饶州，欧阳修为他辩护，被贬为夷陵（今湖北宜昌东南）县令。康定元年（1040），欧阳修被召回京。庆历三年（1043），范仲淹、韩琦、富弼等人推行“庆历新政”，欧阳修参与革新，被贬为滁州（今安徽滁州）太守。

欧阳修贬在滁州之际留下了大量的散文名作，其中以《醉翁亭记》最为耀眼。

从天圣八年（1030），年仅23岁的欧阳修就开始了自己的政治生涯。他上下往返，尽心竭力，积极协助范仲淹革新内政，最终遭到群邪所忌，革官贬谪。他的理想在以前不能实现，而在贬于滁州之后，滁州百姓的安乐生活，给了他极大的宽慰，滁州的山水，又把他引入了一个恬静的境界。他陶醉了，但不是醉于酒，而是醉于优美的景色，醉于百姓和乐的生活。在滁州，禽鸟因山林而乐，人们因太守游而乐，而太守则是因百姓乐而乐。他处在优美的环境中，身心愉快，舒适安闲，不由得醺醺然。欧阳修以“醉翁”自称，旷达自放，这种感受渗透在《醉翁亭记》里，使文章如风光片一般，淡雅而自适，流畅而豪迈。

被贬的人都有抑郁、彷徨的情怀，都喜沉迷山水。不可否认欧阳修也会是如此，但难能可贵的是他选择与滁州人民同乐，他把个人忧伤投到了百姓和乐的大舞台。可见，被贬后欧阳修的境界是把个人的悲伤消解在与民同乐之中。这是一种完全超脱自我的旷天亘地的济世胸怀。

牛山下涕

出自《晏子春秋·谏上》。一天，齐景公到牛山去赏景，想到自己终归要死去，他泪流满面。陪同来游的大臣都纷纷落泪，只有晏婴在一旁暗笑。齐景公怒气冲冲地责问晏婴。晏婴说：“齐国自姜太公至今，已历十数代君主。如果他们都永远不老，这国君的宝座又怎么轮得到大王呢？现在大王却为不能永保王位而流泪，哪里还能算得上是一个仁德的君主呢？”齐景公听了，幡然醒悟。

【典意】形容不知满足，自寻烦恼；也形容因事物变迁而引起的悲哀。

单元学习任务

任务一

学做风景的主人。景还是那个景，至于美还是不美，奇还是不奇，全凭看景人的“心中丘壑”。

醒心亭记

眼中景	心中情

陶然亭

眼中景	心中情

三贬三境界

眼中景	心中情

任务二

人生如逆旅，总有各种不如意，但如果能在逆境中做好自己，就可以为后世留下宝贵的财富。大家从本单元文章中认识到了什么样的“贬官文化”？请你查阅资料，完成下面表格。

贬官	个人境况	品性情怀
柳宗元		
苏轼		
欧阳修		
韩愈		
刘禹锡		
王安石		

任务三

“读万卷书，行万里路”，说的是理论要与实践相结合，学以致用。读了本单元的文章，想必你对游记有了更多的了解和感悟，赶紧行动起来，看看学校的亭、轩、榭，或到家乡的名胜古迹转一转，学着写一篇游记吧。

冬日雪韵

凛冽冬日，大雪纷飞，仿佛世间的一切都被过滤了。面对这些漫天飞舞的白色精灵，你有没有感到自己的心灵也变得纯洁而又美好？雪落无声，落雪有意，给人们营造了一个幽雅恬静的境界。雪是温柔的，雪是纯洁的，雪更是无私的。轻舞飞扬中，刹那聚合间，晶莹剔透的雪花悄然流逝，把最灿烂、最美好的瞬间展现给人们，却不曾思考留给自己的生命片段是那样的短暂而又平凡。

阅读本单元的文章，你可以欣赏到静谧澄澈的雪景，感受到超凡脱俗的文人雅趣，你还将在皑皑白雪中谛听万籁之声。在本单元中，你将接触写景文章中常见的白描手法。用心读文，体会雪韵，你定会收获很多。

1. 龙山雪

⊙〔明〕张岱

天启六年十二月，大雪深三尺许。晚霁[①]，余登龙山，坐上城隍庙山门，李岕生、高眉生、王畹生、马小卿、潘小妃[②]侍。万山载雪，明月薄之，月不能光，雪皆呆白[③]。坐久清冽，苍头[④]送酒至，余勉强举大觥敌寒，酒气冉冉，积雪欱[⑤]之，竟不得醉。马小卿唱曲，李岕生吹洞箫和之，声为寒威所慑，咽涩不得出。三鼓归寝。马小卿、潘小妃相抱从百步街旋滚而下，直至山趾，浴雪而立。余坐一小羊头车，拖冰凌而归。

---

① 霁：雨后或雪后转晴。

② 李岕生、高眉生、王畹生、马小卿、潘小妃：皆为当时的戏曲伶人。生，指男演员。马小卿、潘小妃为女伶。

③ 呆白：苍白。

④ 苍头：这里指年纪大的伙计。

⑤ 欱（hē）：啜，吸吮。

译文

天启六年十二月，大雪有三尺多深。夜幕降临的时候天放晴了，我登上龙山，坐在城隍庙的山门上，李岕生、高眉生、王畹生、马小卿、潘小妃这几个人陪伴着。众山都被雪覆盖住了，月亮的光辉也显得稀薄了，月亮显不出光亮，雪色苍白。坐久了觉得有点清冷，年纪大的伙计送酒来了，我勉强举起大杯子喝完来抵抗寒气，酒气上升，积雪将酒气吞噬，竟然喝不醉。马小卿唱曲子，李岕生吹洞箫和着马小卿的曲子，声音被寒气所震慑，艰涩得出不来。三更的时候我们（准备）回去睡觉。马小卿、潘小妃互相抱着从百步街滚落下去，一直到山脚下，站起来后满身是雪。我坐着一辆小羊头车，拖着满身的冰凌回去了。

池塘春草

出自南朝梁钟嵘的《诗品》。南朝宋的谢灵运，特别赏识他的同族兄弟谢惠连。谢灵运与谢惠连在一起的时候，常常能想出妙词佳句。后来，谢灵运在永嘉西堂作《登池上楼》这首诗的时候，左思右想，整日不成。晚上做梦的时候仿佛见到了谢惠连，不知不觉吟出“池塘生春草”的句子，自认为这是非常好的诗句。他说：“此语有神助，非吾语也。”这一联诗句是“池塘生春草，园柳变鸣禽”。

【典意】形容写作时灵感忽至，妙手天成。

2. 王子猷雪夜访戴

⊙〔南朝宋〕刘义庆

王子猷居山阴[①]，夜大雪，眠觉[②]，开室，命酌酒，四望皎然[③]。因起彷徨，咏左思[④]招隐诗，忽忆戴安道[⑤]。时戴在剡[⑥]，即便夜乘小舟就之。经宿方至，造门不前而返。人问其故，王曰："吾本乘兴而行，兴尽而返，何必见戴？"

译文

王子猷住在山阴县，有一夜下大雪，他一觉醒来，打开房门，叫家人拿酒来喝，眺望四方，一片皎洁。于是起身徘徊，朗诵左思的《招隐》诗，忽然想起戴安道。当时戴安道住在剡县，他立即在夜里坐着小船到戴家去。船

① 山阴：今浙江绍兴市。

② 眠觉：睡醒了。

③ 皎然：洁白明亮的样子。

④ 左思：西晋文学家。所作《招隐》诗旨在歌咏隐士清高的生活。

⑤ 戴安道：即戴逵，安道是他的字。学问广博，隐居不仕。

⑥ 剡（shàn）：指剡县，古县名，在今浙江嵊（shèng）州市。

行了一夜才到，到了戴家门口，没有进去，就原路返回。别人问他原因，王子猷说："我本是趁着一时兴致去的，兴致没有了就回来，为什么一定要见到戴安道呢？"

汉阴抱瓮

出自《庄子·天地》。孔子的弟子子贡准备到晋国去，在经过汉水南岸时看见一位老人正在灌溉田地。他抱着一个水瓮，在水井与田地间不断往返。子贡就对他说："有一种机械，一天可以浇一百畦，那样又快又省力，您难道不知道吗？"

老人听了，很不高兴地说道："用机械的人就会有机巧之事，有机巧之事的人就会有巧诈的心思。存有巧诈之心的人就不能保持内心的纯洁，从而心神不安，不能拥有正道。我不是不知道，只是不想用罢了。"

【典意】形容保持纯洁的心，不求机变巧诈。

3. 祁连雪

⊙刘白羽

欧洲中部蜿蜒着阿尔卑斯山脉，它那终年积雪的白峰，给欧洲增添了多么动人的姿色呀。我曾隔着一个碧绿的小湖眺望阿尔卑斯山，真不能不为那迷离梦幻的景象所迷醉。可是，我看到比阿尔卑斯更美丽、更雄伟的雪山，却是在我国西北，从祁连山连接天山，雪岭冰峰、绵亘千里。

由兰州搭机西飞，有幸与关山月、黎雄才两位画家结伴。飞上空中，关山月一看舷窗外雨雾弥漫，大失所望，说：

“可惜，看不见祁连山了！”

人们说祁连山顶上开放着雪莲，赋予这祁连山以无限诗意，就更引起我一览祁连山的渴望。

登嘉峪关，却只见一派黄沙漫漫，天是黄的，地是黄的，未能一识祁连山面目，倒使我想起范仲淹词句：“塞下秋来风景异，衡阳雁去无留意……千嶂里，长烟落日孤城闭。”谁料第二天，倒是一派清明天气。当我乘车赴红柳沟，即昨日从嘉峪关头，遥望中所见的那片黑蒙蒙山峪中的一条峡谷，祁连山千峰万岭突然展现在我的左方，一层云雾被朝阳照成玫瑰红色，再往上，就是银白的雪峰。中午从红柳沟折回，此时云消雾逝，祁连山一座座山似雪、雪似银，闪闪发光，像是明眸皓齿嫣然微笑。祁连雪既已闪现，在酒泉这一日夜，我一直没离开祁连雪。

下午五时，我乘车来到数十里外的戈壁滩上，这儿一片辽阔，视线无阻，可见祁连山全景。黑色的戈壁滩衬托着白色的雪峰，格外分明。此时日光从西方射来，正好使我领略了祁连山的另一侧面。在这柔和光线下，雪却更加清晰，每一山峰上层层峦岭，道道峡谷，像雕刻出的缕缕冰纹，交相映错，而群山却是雪的锋、冰的剑，森然罗列，浩渺相连。

我立在千古苍莽、万籁无声的戈壁滩上，极目遐思，仿佛听到古代行旅的驼铃悠悠微响……

这天刚好是中秋节前夕，碧海青天，一轮明月，月光下祁连山会不会别有一番景色呢？我怕这个盼头也许落空，故而埋在心里没跟谁说。深夜二时披衣外出，夜是那样幽静，月是那样皎洁，我走到一片开阔之处，啊，祁连雪峰竟如此之美！山上冰雪折皱十分清晰而又十分朦胧，夜色如同遮了一层细纱，祁连山静得像个睡美人。本来西北高原之夜就使人有伸手摩天之感，而这一片月夜冰峰，真令人联想到“琼楼玉宇，高处不胜寒”，我深为看到平生难得一见的景象而心满意足，回到床上便酣然入睡，准备一早登程离去。哪里料到生活中竟有这样异峰突起的事，清晨起来，我无意间向祁连山方向一瞥，祁连山显现的绝景实在是“叹观止矣”！太阳刚从东面地平线上射出第一线光明，莽莽平畴还沉在灰暗之中，而突露高空的祁连雪峰却照得一片鲜红，特别是峰巅，有如红玛瑙熠熠闪光，向下降是紫红色，再向下降则是深黑色的，这些色彩，缤纷交错，构成一幅艳丽的画图。我屏息静气，目不旁瞬。不久，东方天空浮出一片红霞，刚才所见的一切倏然消失，群山变得雪白，像是洁白晶莹的雪花石雕塑而成，从这白的峰岭上缓缓地、轻轻地移过一种柔和的淡红色。

这时，我想起昨天人们指着祁连山告诉我的话：当年中国红军曾在这里鏖战，有一部分部队进入祁连山，忍饥受冻，流血牺牲，活下来的一批战斗者，由一位卓越的领导人带着，历尽艰辛，穿过峡谷，突围而出。这样一想，我记起昨天下午从戈壁滩上捡到的一块石片，它赤红如血，它，也许是那些先行者在这又荒凉又美丽之地洒下的鲜血所凝成的吧？

4. 盼　雪

⊙张　炜

一个无雪的冬天，会令人感到尴尬。该冷的时候不冷，四季不再分明，大自然也写出了荒诞的一笔。

下雪吧，让洁白的绒毯铺盖大地，以这个节令独有的方式去温柔人心、安定人心。

雪朵可以擦洗世界，所以你总是能够在雪后看到一方更加碧蓝的天空。一只狗走向原野，小鸟在落满雪粉的枝丫上悄立。大地恬然入睡，万物陷于默想。姑娘歌唱了，红色的围巾松松地包在头发上。你相信雪的下边是一片翠绿吗？紫色的地黄花儿将开放，墨绿的叶面上留着雪痕。一个洁净的干练的老人拄着拐杖走过，呼出了白气，那白气像他写出的一道诗行。他的头发也是银白的，他的黑呢大衣多么庄重。

老人缓缓地行走，拐杖提离地面。他走过的岁月中有多少个这样的冬天？不记得了。他只记得在雪地上、在雪松的后边，他第一次和一个姑娘嬉戏的场景。那时他们都年轻，厚厚的雪使他们的脚陷了下去。

雪的世界，一个多么适合思索和回忆、追忆和遐想的世界啊！浑浊的思绪被纯正了沉淀了，人心像白雪一样安静。我们的流逝的时光，我们的没有留下痕迹的一串连一串的脉音，这时一齐涌到眼前、耳畔。

河冰封锁了半条水流，雪缀在冰碴上。棕红色的羽毛细密光滑—— 一只多么神奇的长嘴鸟儿在那里啄着什么。谁能叫得上它的名字来？谁以前见过它吗？我们怎么没有更早地留意它？这真是一个错误。让我们被这一时的冲动指引着，去请教那些鸟类学家吧。多么美妙的冲动，发生在白雪皑皑的境界里。

你见过人们借助一副滑雪板飞速穿越雪地的情景吗？那有多么帅气。还有，迷人的雪雕、娃娃们的同样稚拙的雪人……这一切奇迹都被白色的调子统领、概括了。

人在最危急的时刻，在有了病痛的时刻，往往被抬进医院——那里有什么特征？那里会有一群群身着白色长衣、头戴白帽的人，有白色病床、白色被子……他们以这样的颜色挽留生命，唤起这个生命的记忆。白色究竟在多大程度上参与了缓解与诊治，又给了人多少安慰和信任呢？白色，白色，活动着、沉默着的白色……它与雪的联想，它与一个生命的关系的联想，就这样发生着。

下雪吧，下雪吧。

可不巧的是我们又走进了一个无雪的冬天。

大雪哪儿去了呢？问爷爷们，他们也在摇头。大雪到底哪儿去了呢？如果连我们这个湿润的半岛也缺雨少雪，其他地方又怎么熬？下雪了，下雪了，下了浅浅一层，一脚踏出泥底，可怜人。下雪吧，下雪吧。再让人骄傲地头戴翻皮帽走上一遭吧，再让真正的寒冷像过往的大雁一样降落一次吧。这样，我们就会知道，太阳和地球在挺好地运转，一个接一个的明天还将无有尽头。我们会信任时光、日月这一类永恒的东西，安然自如而不是匆忙慌促地去干手头的事情。

在这个干燥的、裸露着泥土的冬天里，人们不由得去追寻根底。不错，现代科学已经告诉了大家，人类对大自然的无节制，严重破坏了生态平衡，毁掉了正常的自然循环。因此我们要忍耐一个又一个无雪的冬天。空中烟尘弥漫，人们咳声不绝。仰望天空，立刻有一粒微尘落入眼内。只有雪朵才可以擦掉这么多的尘埃，而我们拿出家中千万片抹布也做不到。下雪吧，下雪吧。大雪是老天爷手里的抹布，它一会儿就能把天空擦得瓦蓝锃亮。

下雪吧！

诗意悠长

中国是诗的王国，五千年的优秀文化催生了不少脍炙人口的诗篇。诗是我国宝贵的精神财富，是文学殿堂里璀璨的明珠。古典诗词博大精深，内涵丰富。诗意悠长，为我们展示出诗人们的内心世界：李白因仕途艰辛，抒发忧闷愤慨之情；白居易面对好友刘禹锡被贬二十三年的坎坷遭遇，抒写内心的不平和无限感慨；刘禹锡借描写玄都观的桃花，表达对当时权贵的辛辣嘲讽……

诵读古诗，你才能理解“诗仙”李白的万古愁，你才能听懂“诗魔”白居易的击盘歌。读着精美的诗句，再联系作者的境遇，感悟他们的情怀，自然感触更多。让我们漫步诗词名苑，反复诵读这些古诗，拓宽我们的视野，开阔我们的胸襟，净化我们的心灵吧！

1. 行路难（其二）

⊙〔唐〕李白

大道如青天，我独不得出。
羞逐长安社中儿，赤鸡白雉赌梨栗。①
弹剑作歌奏苦声②，曳裾王门③不称情④。
淮阴市井笑韩信，汉朝公卿忌贾生。
君不见昔时燕家重郭隗，拥篲折节无嫌猜。
剧辛乐毅感恩分，输肝剖胆效英才。
昭王白骨萦蔓草，谁人更扫黄金台？
行路难，归去来！

---

① 羞逐长安社中儿，赤鸡白雉赌梨栗：字面意思是说自己耻于像长安的市井小儿一般凭着斗鸡小技赌胜微不足道的彩头，暗讽唐玄宗在宫内设置斗鸡坊，斗鸡小儿因此而谋得功名富贵。

② 弹剑作歌奏苦声：战国时期，冯谖投齐国贵族孟尝君门下为门客，但不受孟尝君的重视，便三番弹剑作歌，抱怨自己没有得到应有的礼遇。

③ 曳裾（jū）王门：比喻在权贵门下当食客。曳，拉。裾，衣服的前襟。语出《汉书·邹阳传》中的“饰固陋之心，则何王之门不可曳长裾乎”。

④ 不称情：不如意。

译文

大路像青天一样宽广，我却寸步难行。

我不愿意追随长安城中的富家子弟，去搞斗鸡走狗一类的赌博游戏。

像冯谖那样弹剑作歌发牢骚，在权贵之门卑躬屈节是不合我心意的。

淮阴市井小儿曾讥笑韩信怯懦无能，汉朝公卿大臣嫉妒贾谊才能超群。

你看，昔日燕昭王重用郭隗，亲自为邹衍清扫道路，以诚相待。

剧辛和乐毅感激知遇的恩情，竭忠尽智来报效君主。

如今燕昭王的坟上长满了野草，还有谁能像他那样重用贤士呢？

世路如此艰难，我只得归去啦！

学习提示

天宝元年（742），李白奉诏入京，担任翰林供奉。他满怀壮志，欲展身手，却没被皇帝重用，还受到奸官佞臣的谗毁排挤，被“赐金放还”。李白深感世事艰难，求仕无望，满怀愤慨写下了组诗《行路难》，借此抒发自己内心的愤懑。

诗歌重在诵读。诵读李白《行路难》（其一、其二），体会诗的节奏和韵律特点，并从“长风破浪会有时，直挂云帆济沧海”和“行路难，归去来”中，体会李白的精神境界。

2. 醉赠刘二十八使君[①]

⊙〔唐〕白居易

为我引[②]杯添酒饮，与君把箸[③]击盘歌。
诗称国手徒为尔，命压人头不奈何！
举[④]眼风光长寂寞，满朝官职独蹉跎[⑤]。
亦知合被[⑥]才名折，二十三年[⑦]折太多！

---

① 刘二十八使君：即刘禹锡。

② 引：举、拿。

③ 箸（zhù）：筷子。

④ 举：向上抬。

⑤ 蹉跎（cuō tuó）：不顺利，虚度光阴，这里指被贬官。

⑥ 合被：应该被。合，应该。

⑦ 二十三年：刘禹锡于永贞元年（805）被贬，到宝历二年（826）回京，共二十二年，预计回到京城时，已达二十三年。

译文

你为我举起酒杯斟满酒，咱们一同狂饮，我为你拿着筷子敲碗碟吟唱诗歌。

哪怕你的诗堪称全国一流也没用，命不由人啊，不能出人头地也是无可奈何。

放眼望去别人都风风光光的，唯有你一直是孤独寂寞的状态。满朝的文武官员都在升迁，只有你却频繁遭遇种种不幸。

你的才名太高，按理说遭受点挫折也正常，但是遭遇二十三年的曲折，这磨难也太多了。

刘禹锡参与王叔文集团的政治改革失败后，被贬到外地做官。宝历二年（826），刘禹锡被罢免和州刺史任返回洛阳，在扬州遇到白居易，白居易在酒宴上作了《醉赠刘二十八使君》，对刘禹锡屡遭贬谪、怀才不遇的命运表示极度不平和深切同情。

诵读这首诗，要在读准字音、读出节奏的基础上，读出作者的思想感情。

1. 再游玄都观

⊙〔唐〕刘禹锡

百亩庭中[①]半是苔，桃花净尽[②]菜花开。
种桃道士[③]归何处？前度刘郎[④]今又来。

译文

玄都观偌大庭院中有一半长满了青苔，原来盛开的桃花已经荡然无存，只有菜花在开放。

先前那些辛勤种桃的道士如今去哪里了呢？之前被贬出长安的我——刘禹锡又回来了。

① 庭中：指玄都观内的庭院。

② 净尽：全无。净，空无所有。尽，完。

③ 种桃道士：暗指当初打击政治革新运动的当权者。

④ 前度刘郎：作者自指。

2. 阳关曲·中秋月

⊙〔宋〕苏轼

暮云收尽溢[1]清寒，银汉[2]无声转玉盘[3]。
此生此夜不长好，明月明年何处看。

译文

夜幕降临，云气收尽，天地间充满了寒气，银河流泻无声，皎洁的月儿升上天空，就像玉盘那样洁白晶莹。

我这一生中每逢中秋之夜，月光多为风云所掩，很少碰到像今天这样的美景，真是难得啊！可明年的中秋，我又会到何处观赏月亮呢？

---

① 溢：满出。暗喻月色如水。
② 银汉：银河。
③ 玉盘：指月亮。

单元学习任务

任务一

朗诵古诗，请同学们试着品悟下面两首诗的思想感情。

作品名称	思想感情
再游玄都观	
阳关曲·中秋月	

任务二

古代文人们常借意象来表情达意。请同学们在诵读之后梳理这几首诗中的意象，并说说这些意象表达了诗人怎样的情感。

任务三

查找有关资料，从生平、成就、作品、影响四个方面，聊聊“我眼中的李白”“我眼中的杜甫”“我眼中的白居易”“我眼中的刘禹锡”“我眼中的苏轼”“我眼中的欧阳修”。

言之有据

在现实生活中，我们往往会对身边的人或事发表自己的观点。要注意的是，我们不仅要提出观点，还要有能证明自己观点的材料。言之有据，才能让人信服。用来证明观点的材料，就是论据。要使文章更加有说服力，就须列举丰富的事实论据和道理论据。

如何做到议论言之有据呢？一要确保材料准确，经得起推敲；二要做到材料与观点保持一致；三要注意材料的丰富性；四要多读书、多积累、多思考；五要注意合理运用论据材料。

1. 有书赶快读

⊙邓　拓

我有许多书，没有好好读；有的刚读完还记得清楚，过些日子又忘了；偶然要用，还要临时翻阅，自己常常觉得可笑。

这种情形别人不了解，总以为我有什么读书的秘诀，不肯告人。其实我的确什么秘诀也没有。把真相坦白地告诉读者，还有一些人仍然不相信。几个学校的青年同学来信约我去讲读书的经验，我很惭愧不能答应他们的请求。昨天到书店门市部走走，遇见几位同学，不客气地拉住我，说要“聊一聊”。我们终于就目前读书的问题聊了一阵子。

看来他们都在找书读，而以找不到自己需要的书籍为苦。我们的话题就从这里展开了。

由“我”自己读书的情况和青年学生约“我”讲读书经验的事，引出要议论的话题。写作时也可由实际生活引出议论的话题。

有书的人不一定读书，没有书的人却到处

找书读，这是多么不合理的现象！然而，这又是很自然的现象。因为没有书的人如果不向别人借书，不到图书馆借书，也不来书店门市部看书，那就简直毫无办法；而有书的人，总觉得书已经属于自己所有，随时都可以读，满不在乎，反倒不急于读书或者不想读书了。这种现象不是人人都能遇见的吗？

大家也许还记得，以前报纸介绍过宋代苏东坡写的《李氏山房藏书记》和清代袁枚写的《黄生借书说》这两篇文章吧。我们要学习古代读书人的勤奋精神，千万不要藏着一大堆书而不加以利用。

我想在这里向大家介绍另一个故事。明代有一部笔记，名为《泽山杂记》，不知作者是谁。这部笔记中叙述了明代洪武年间的一位御史大夫景清的事迹。景清与方孝孺齐名，为反对“永乐政变”而同时殉难的明代杰出人物。他在青年时代，勤奋读书，过目不忘，为同辈之冠。据载：

使用事实论据时，不要详细记叙事件本身，而要概括叙述。议论过程一定要提出具有说服力的论据。

> 景清倜傥尚大节，领乡荐，游国学。时同舍生有秘书，清求而不与。固请，约明旦即还书。生旦往索。曰：吾不

知何书，亦未假书于汝。生忿，讼于祭酒。清即持所假书，往见，曰：此清灯窗所业书。即诵辄卷。祭酒问生，生不能诵一词。祭酒叱生退。清出，即以书还生，曰：吾以子珍秘太甚，特此相戏耳。

像景清这样勤学强记的人，实在难得。但是正因为他自己没有秘本，而如饥似渴地想读同舍朋友的秘本，所以他特别努力，只用一夜的工夫，就能背诵全书。反之，他的同舍朋友虽然藏有秘本，却没有读它，所以经不起考问。显然，景清的目的是要警告他的朋友，要朋友注意利用书籍，不要死死地藏书不用，而不是想要强占他朋友的秘本。

从这个故事中，我们得到什么体会呢？我以为，最重要的体会是：有书就要赶快读，不论是自己的书，或是借别人的书。即便有些书籍本头太大，内容很多，无法全读，起码也应该扼要地翻阅一遍，知道它的内容，以免将来要用，临时“抓瞎”。

清代的一位著名学者包世臣，留下一些名言，对我们理解这个问题也很有启发。他曾经写过许多对联，一直流传至今。其中有

写作中也要做到所列举的事例或所引用的资料多样而丰富，且紧扣文章的中心论点。

一副对联，我忘了他写的上联，只记得下联是“补读平生未见书”。这一句给我的印象特别深。还有一副对联，我也只记得下联，他写道：“闭户遍读家藏书。”这一句同样使我受到很大的鼓励。后面这一句似乎不是包世臣自己的，而是用宋代陆放翁的诗句。

古人每到书多的时候，往往也有了相当的地位，正如袁枚说的：“通籍后，俸去书来，落落大满，素蟫灰丝，时蒙卷轴。”这不能不引起认真的读书人的警惕，他们时常写下许多座右铭、对联之类以鞭策自己，生怕一天到晚忙忙碌碌，什么书也没有读。以古喻今，那么，我们现在就更要趁着年轻的时候，抓紧机会，赶快读书。

有的青年同学认为，景清能够读到秘本，真“带劲”，我们可惜没有什么秘本可读，这怎么办呢？其实，古人所谓秘本，内容并不稀奇，我们现在的图书馆拥有成千成万的历代秘籍珍本，如果你需要，就可以借来阅读。何况古人所谓秘本，有许多现在都已经大量翻印了，很容易买到手，又有什么稀奇呢？更重要的是，我们这个时代最伟大的革命经典著作，人人都可以读到，这个条件实在太好了，古人又怎么能够比得了我们呢？

最后，我奉劝青年朋友们，你们手上哪怕只有几本政治理论和科学研究的书籍，也要赶快先把它们读得烂熟。因为它们所包括的知识内容，是非常丰富的。这些是最重要的基础知识。只有让自己的基础打好了，将来读其他参考书才能够做到多多益善。如果现在丢开这些基本的书籍不认真苦读，一心想找秘本，只恐望梅止渴，无济于事。一句话，我认为你们现在手上已经有书，希望你们赶快读吧。

最后发出赶快读书的号召。要使议论言之有据，需做到三点：第一，材料要准确，经得起推敲；第二，要保证材料与论点一致；第三，材料要丰富多样，以增强文章的说服力。

2. 谈阅读（节选）

⊙叶圣陶

靠自己的力

阅读要多靠自己的力，自己能办到几分务必办到几分。不可专等老师给讲解，也不可专等老师抄给字典辞典上的解释以及参考书上的文句。直到自己实在没法解决，才去请教老师或其他的人。因为阅读是自己的事，像这样专靠自己的力才能养成好习惯，培养真能力。再说，我们总有离开可以请教的人的时候，这时候阅读些什么，非专靠自己的力不可。

要靠自己的力阅读，不能不有所准备。特别划一段时期特别定一个课程来准备，不但不经济，而且很无聊。也只须随时多用些心，不肯马虎，那就是为将来做了准备。譬如查字典，如果为了做准备，专看字典，从第一页开头，一页一页顺次看下去，这绝非办法。只须在需要查某一字的时候看得仔细，记得清楚，以后遇到这个字就是熟朋友了，这就是做了准备。不但查字典如此，其他都如此。

应做的准备大概有以下几项：

（一）留心听人家的话。写在书上是文字，说在口里就是话。听话也是阅读，不过读的是“声音的书”。能够随时留心听话，对于阅读能力的长进大有帮助。听清楚，不误会，固然第一要紧；根据自己的经验加以衡量，人家的话正确不正确，有没有罅漏，也是必要的事。不然只是被动地听，那是很有流弊的。至于人家用词的选择，语调的特点，表现方法的优劣，也须加以考虑。他有长处，好在哪里？他有短处，坏在哪里？这些都得解答，对于阅读极有用处。

（二）留心查字典。一个字往往有几个意义，有些字还有几个读音。翻开字典一看，随便取一个读音一个意义就算解决，那实在是没有学会查字典。必须就读物里那个字的上下文通看，再把字典里那个字的释文来对勘，然后确定那个字何音何义。这是第一步。其次，字典里往往有些例句，自己也可以找一些用着那个字的例句，许多例句聚在一块儿，那个字的用法（就是通行这么用）以及限制（就是不通行那么用）可以看出来了。如果能找近似而不一样的字两相比较，辨明彼此的区别在哪里，应用上有什么不同，那自然更好了。

（三）留心查辞典。一个词也往往有几个意义，认真查辞典，该与前一节说的一样。那个词若是有关历史的，最好根据自己的历史知识，把那个时代的事迹想一回。那个词若是个地名，最好把地图翻开来辨认一下。那个词若是涉及生物理化等科的，最好把自己的生物理化的知识温习一遍，辞典里说的或许很简略，就查各科的书把它考究个明白。那个词若是来自某书某文的典故或是有关某时某人的成语，如果方便，最好把某书某文以及记载某时某人的话的原书找来看看。那个词若是一种制度的名称，一个专用在某种场合的术语，辞典里说的或许很简略，如果方便，最好找些相当的书来考究个详细。以上说的无非要真个弄明白，不容含糊了事。而且，这样将辞典作钥匙，随时翻检，阅读的范围就扩大了，阅读参考书的习惯也可以养成了。

（四）留心看参考书。参考书范围很广，性质不一，未可一概而论。可是也有可以说的。一种参考书未必需要全部看完，但是既然与它接触了，它的体例总得弄清楚。目录该通体一看，书上的序文，人家批评这书的文章，也该阅读。这样，多接触一种参考书就如多结识一个朋友，以后需要的时候，还可以向他讨教，与他商量。还有，参考书未必全由自己购备，往往要往图书馆借看。那么，图书分类法是必要的知识。某个图书馆用的什么分类法，其中卡片怎样安排，某一种书该在哪一类里找，必须认清搞熟，检查起来才方便。此外如各家书店的特点以及它们的目录，如果认得清、取得到，对于搜求参考书也有不少便利。

以上说的准备也可以换成“积蓄”两个字。积蓄得越多，阅读能力越强。阅读不仅是中学生的事，出了学校仍需要阅读。人生一辈子阅读，其实是一辈子在积蓄中，同时一辈子在长进中。

3. 在劳动中认识劳动

⊙徐名印

热爱劳动是中华民族的优秀传统，绵延至今。可是在现实生活中，有一些同学不理解劳动，不愿意劳动。有的说：“我们学习这么忙，劳动太占时间了！”有的说：“科技进步这么快，劳动的事，以后可以交给人工智能啊！”也有的说：“劳动这么苦，这么累，干吗非得自己干？花点钱让别人去做好了！”此外，我们身边还有着一些不尊重劳动的现象。看来，在新时代的今天，我们对劳动的认识还失之偏颇，很有必要借这个机会谈一谈。

劳动是什么？劳动是人们使用工具创造物质财富和精神财富的活动，是人类生存与发展最基本的条件。既然是最基本的条件，那么人就是因劳动而生，因劳动而存，因劳动而创造，也因劳动而幸福，不劳而获、不劳而食是对不劳动的人的讽刺和谴责。

劳动是一种学习。劳动有体力劳动和脑力劳动两种。学习是一种非常重要的脑力劳动。在学习中我们要开动大脑，学习知识，理解知识，应用知识。这个学习、理解和应用的过程，就是劳动。它虽然不像体力劳动那样让人感到身体的劳累，但同样是一种劳动。这种劳动所呈现的成果，是人的思想成熟、社会进步和文明的灿烂。

劳动是一种历练。在体力劳动和脑力劳动中，我们在寻找生活的乐趣、享受劳动的幸福时，劳动带给我们的不仅是习惯的养成、性格的形成和意志的培养，更重要的是对生活的体验、感知和思考。“任凭风吹雨打”，是劳动的态度；愈挫愈勇，是在劳动中锻炼意志；“胜似闲庭信步”，是劳动的境界；“留取丹心照汗青”，是劳动给予我们的追求和胸怀。一切劳动，都是历练。所有历练，皆是生长。

劳动是一种创造。人们在劳动的过程中，发现事物之间的内在联系及其规律，进而触类旁通，推动人类和社会的发展。试问：哪一种发明不是在劳动中创造的？在劳动中创造，在创造中劳动，充满了人类社会发展的整个历史过程。人类从原始社会到现代社会，人类文明从农业文明到工业文明，直到今天的以互联网为主的智慧时代，都是靠劳动来创造和推动的。

现在，我们已进入了新时代。新时代的主题是为人民谋幸福，为民族谋复兴。我们在享受新时代幸福时光的同时，也肩负着民族复兴的重任。让我们在劳动中认识劳动，在劳动中理解劳动，在劳动中历练品格，在劳动中锻造能力，用创新的活力追梦、筑梦、圆梦，用创造的信心挑起复兴重担、浇灌复兴之花、筑牢复兴大厦！

故乡印象

诗人席慕蓉在《乡愁》中写道：“故乡的歌是一支清远的笛，总在有月亮的晚上响起。”对于你而言，故乡又是什么？是曾经一起去追梦的朋友？是端午节家家户户门前挂着的艾叶？是年集上攥在手里的红艳艳的绒花？是在记忆中永不消失的苇塘？……长大后，我们可能为了理想四处漂泊，却不能忘却故乡深情的呼唤；我们可以品味异乡的美味佳肴，却不能割舍属于自己的味觉记忆；我们可能有上青天揽明月的豪情，却依然留恋故乡最淳朴、最平淡的温情。

阅读本单元文章，要学会把握小说的环境，梳理小说的情节，并试着在起伏变化的情节中，从不同的角度分析人物形象，了解小说所反映的社会背景，理解小说所揭示的主题。

在酒楼上

⊙鲁　迅

我从北地向东南旅行，绕道访了我的家乡，就到S城。这城离我的故乡不过三十里，坐了小船，小半天可到，我曾在这里的学校里当过一年的教员。深冬雪后，风景凄清，懒散和怀旧的心绪联结起来，我竟暂寓在S城的洛思旅馆里了；这旅馆是先前所没有的。城圈本不大，寻访了几个以为可以会见的旧同事，一个也不在，早不知散到那里去了；经过学校的门口，也改换了名称和模样，于我很生疏。不到两个时辰，我的意兴早已索然，颇悔此来为多事了。

我所住的旅馆是租房不卖饭的，饭菜必须另外叫来，但又无味，入口如嚼泥土。窗外只有渍痕斑驳的墙壁，帖着枯死的莓苔；上面是

对旅馆窗外环境的描写，渲染了凄凉的气氛，烘托出“我”故地重游的失望、孤独。

铅色的天，白皑皑的绝无精采，而且微雪又飞舞起来了。我午餐本没有饱，又没有可以消遣的事情，便很自然的想到先前有一家很熟识的小酒楼，叫一石居的，算来离旅馆并不远。我于是立即锁了房门，出街向那酒楼去。其实也无非想姑且逃避客中的无聊，并不专为买醉。一石居是在的，狭小阴湿的店面和破旧的招牌都依旧；但从掌柜以至堂倌却已没有一个熟人，我在这一石居中也完全成了生客。然而我终于跨上那走熟的屋角的扶梯去了，由此径到小楼上。上面也依然是五张小板桌；独有原是木棂的后窗却换嵌了玻璃。

“一斤绍酒。——菜？十个油豆腐，辣酱要多！”

我一面说给跟我上来的堂倌听，一面向后窗走，就在靠窗的一张桌旁坐下了。楼上“空空如也”，任我拣得最好的坐位：可以眺望楼下的废园。这园大概是不属于酒家的，我先前也曾眺望过许多回，有时也在雪天里。但现在从惯于北方的眼睛看来，却很值得惊异了：几株老梅竟斗雪开着满树的繁花，仿佛毫不以深冬为意；倒塌的亭子边还

运用拟人和比喻，写出了梅花和山茶花傲雪怒放的姿态，表现了作者对过去不向世俗屈服的斗争精神的怀念和赞美。

有一株山茶树，从暗绿的密叶里显出十几朵红花来，赫赫的在雪中明得如火，愤怒而且傲慢，如蔑视游人的甘心于远行。我这时又忽地想到这里积雪的滋润，著物不去，晶莹有光，不比朔雪的粉一般干，大风一吹，便飞得满空如烟雾。……

简洁的语言，表现了堂倌的慵懒。

“客人，酒。……”

堂倌懒懒的说着，放下杯，筷，酒壶和碗碟，酒到了。我转脸向了板桌，排好器具，斟出酒来。觉得北方固不是我的旧乡，但南来又只能算一个客子，无论那边的干雪怎样纷飞，这里的柔雪又怎样的依恋，于我都没有什么关系了。我略带些哀愁，然而很舒服的呷一口酒。酒味很纯正；油豆腐也煮得十分好；可惜辣酱太淡薄，本来S城人是不懂得吃辣的。

大概是因为正在下午的缘故罢，这虽说是酒楼，却毫无酒楼气，我已经喝下三杯酒去了，而我以外还是四张空板桌。我看着废园，渐渐的感到孤独，但又不愿有别的酒客上来。偶然听得楼梯上脚步响，便不由的有些懊恼，待到看见是堂倌，才又安心了，这样的又喝了两杯酒。

我想，这回定是酒客了，因为听得那脚步声比堂倌的要缓得多。约略料他走完了楼梯的时候，我便害怕似的抬头去看这无干的同伴，同时也就吃惊的站起来。我竟不料在这里意外的遇见朋友了，——假如他现在还许我称他为朋友。那上来的分明是我的旧同窗，也是做教员时代的旧同事，面貌虽然颇有些改变，但一见也就认识，独有行动却变得格外迂缓，很不像当年敏捷精悍的吕纬甫了。

通过动作描写，揭示吕纬甫的变化。

"阿，——纬甫，是你么？我万想不到会在这里遇见你。"

"阿阿，是你？我也万想不到……"

我就邀他同坐，但他似乎略略踌躇之后，方才坐下来。我起先很以为奇，接着便有些悲伤，而且不快了。细看他相貌，也还是乱蓬蓬的须发；苍白的长方脸，然而衰瘦了。精神很沉静，或者却是颓唐；又浓又黑的眉毛底下的眼睛也失了精采，但当他缓缓的四顾的时候，却对废园忽地闪出我在学校时代常常看见的射人的光来。

吕纬甫外貌的变化，表现出他在黑暗现实面前的颓废和消沉，也表现出他对昔日生活的向往和渴望。

"我们，"我高兴的，然而颇不自然的说，"我们这一别，怕有十年了罢。我早知道你在济南，可是实在懒得太难，终于没有写一封信。……”

“彼此都一样。可是现在我在太原了，已经两年多，和我的母亲。我回来接她的时候，知道你早搬走了，搬得很干净。”

“你在太原做什么呢？”我问。

“教书，在一个同乡的家里。”

“这以前呢？”

思考一下，此处的语言、动作描写有什么作用？

“这以前么？”他从衣袋里掏出一支烟卷来，点了火衔在嘴里，看着喷出的烟雾，沉思似的说：“无非做了些无聊的事情，等于什么也没有做。”

他也问我别后的景况；我一面告诉他一个大概，一面叫堂倌先取杯筷来，使他先喝着我的酒，然后再去添二斤。其间还点菜，我们先前原是毫不客气的，但此刻却推让起来了，终于说不清那一样是谁点的，就从堂倌的口头报告上指定了四样菜：茴香豆，冻肉，油豆腐，青鱼干。

“我一回来，就想到我可笑。”他一手擎着烟卷，一只手扶着酒杯，似笑非笑的向我说。“我在少年时，看见蜂子或蝇子停在一个地方，给什么来一吓，即刻飞去了，但是飞了一个小圈子，便又回来停在原地点，便以为这实在很可笑，也可怜。可不料现在我自己也飞回来了，不过绕了一点小圈子。又不料你也回来了。你不能飞得更远些么？”

“这难说，大约也不外乎绕点小圈子罢。”我也似笑非笑的说。“但是你为什么飞回来的呢？”

“也还是为了无聊的事。”他一口喝干了一杯酒，吸几口烟，眼睛略为张大了。“无聊的。——但是我们就谈谈罢。”

这一段起着承上启下的作用。文中出现了几次“无聊”？“无聊”的事是什么？经历了这些“无聊”的事，吕纬甫发生了什么变化？

堂倌搬上新添的酒菜来，排满了一桌，楼上又添了烟气和油豆腐的热气，仿佛热闹起来了；楼外的雪也越加纷纷的下。

“你也许本来知道，”他接着说，“我曾经有一个小兄弟，是三岁上死掉的，就葬在这乡下。我连他的模样都记不清楚了，但听母亲说，是一个很可爱念的孩子，和我也很相投，至今她提起来还似乎要下泪。今年春天，一个堂兄就来了一封信，说他的坟边已经渐渐的浸了水，不久怕要陷入河里去了，须得赶紧去设法。母亲一知道就很着急，几乎几夜睡不着，——她又自己能看信的。然而我能有什么法子呢？没有钱，没有工夫：当时什么法也没有。

“一直挨到现在，趁着年假的闲空，我才得回南给他来迁葬。”他又喝干一杯酒，看着窗外，说，“这在那边那里能如此呢？积雪里会有花，雪地下会不冻。就在前天，我在城里买了一口小棺材，——因为我豫料那地下的应该早已朽烂了，——带着棉絮和被褥，雇了四个土工，下乡迁葬去。我当时忽而很高兴，愿意掘一回坟，愿意一见我那曾经和我很亲睦的小兄弟的骨殖：这些事我生平都没有经历过。到得坟地，果然，河水只是咬进来，离坟已不到二尺远。可怜的坟，两年没有培土，也平下去了。我站在雪中，决然的指着他对土工说，‘掘开来！’我实在是一个庸人，我这时觉得我的声音有些希奇，这命令也是一个在我一生中最为伟大的命令。但土工们却毫不骇怪，就动手掘下去了。待到掘着圹穴，我便过去看，果然，棺木已经快要烂尽了，只剩下一堆木丝和小木片。我的心颤动着，自去拨开这些，很小心的，要看一看我的小兄弟，然而出乎意

“我”认为是“最为伟大的命令”，而“土工们却毫不骇怪”，揣摩“我”和土工们当时的心理。

外！被褥，衣服，骨骼，什么也没有。我想，这些都消尽了，向来听说最难烂的是头发，也许还有罢。我便伏下去，在该是枕头所在的泥土里仔仔细细的看，也没有。踪影全无！”

我忽而看见他眼圈微红了，但立即知道是有了酒意。他总不很吃菜，单是把酒不停的喝，早喝了一斤多，神情和举动都活泼起来，渐近于先前所见的吕纬甫了，我叫堂倌再添二斤酒，然后回转身，也拿着酒杯，正对面默默的听着。

吕纬甫需要在喝醉之后，才能恢复以往的神情和举动，足见他的变化之大，也暗示他并没有全部失去以往的热情。

“其实，这本已可以不必再迁，只要平了土，卖掉棺材，就此完事了的。我去卖棺材虽然有些离奇，但只要价钱极便宜，原铺子就许要，至少总可以捞回几文酒钱来。但我不这样，我仍然铺好被褥，用棉花裹了些他先前身体所在的地方的泥土，包起来，装在新棺材里，运到我父亲埋着的坟地上，在他坟旁埋掉了。因为外面用砖墩，昨天又忙了我大半天：监工。但这样总算完结了一件事，足够去骗骗我的母亲，使她安心些。——阿阿，你这样的看我，你怪我何以和先前太不相同了么？是的，我也还记得我们同到城隍庙里去拔掉神像

插入对往事的回顾，形成对比，突出吕纬甫现在的消沉、颓废和麻木。

的胡子的时候，连日议论些改革中国的方法以至于打起来的时候。但我现在就是这样子，敷敷衍衍，模模胡胡。我有时自己也想到，倘若先前的朋友看见我，怕会不认我做朋友了。——然而我现在就是这样。”

他又掏出一支烟卷来，衔在嘴里，点了火。

从这两句话中，可以看出吕纬甫在理想与现实间的矛盾心理。

“看你的神情，你似乎还有些期望我，——我现在自然麻木得多了，但是有些事也还看得出。这使我很感激，然而也使我很不安：怕我终于辜负了至今还对我怀着好意的老朋友。……”他忽而停住了，吸几口烟，才又慢慢的说，“正在今天，刚在我到这一石居来之前，也就做了一件无聊事，然而也是我自己愿意做的。我先前的东边的邻居叫长富，是一个船户。他有一个女儿叫阿顺，你那时到我家里来，也许见过的，但你一定没有留心，因为那时她还小。后来她也长得并不好看，不过是平常的瘦瘦的瓜子脸，黄脸皮；独有眼睛非常大，睫毛也很长，眼白又青得如夜的晴天，而且是北方的无风的晴天，这里的就没有那么明净了。她很能干，十多岁没了母亲，招呼两个小弟妹都靠她；又得服侍父亲，事事都周到；也经济，家计倒渐渐的稳当起来了。邻居几乎没有一个不夸奖她，连长富也时常说些感激的话。这一次我动身回来的时候，我的母亲又记得她了，老年人记性真长久。她说她曾经知道顺姑因为看见谁的头上戴着红的剪绒花，自己也想有一朵，弄不到，哭了，哭了小半夜，就挨了她父亲的一顿打，后来眼眶还红肿了两三天。这种剪绒花是外省的东西，S城里尚且买不出，她那里想得到手呢？趁我这一次回南的便，便叫我买两朵去送她。

从这句话中，可以看出顺姑对美的追求和对美好生活的向往。

“我对于这差使倒并不以为烦厌，反而很喜欢；为阿顺，我实在还有些愿意出力的意思的。前年，我回来接我母亲的时候，有一天，长富正在家，不知怎的我和他闲谈起来了。他便要请我吃点心，荞麦粉，并且告诉我所加的是白糖。你想，家里能有白糖的船户，可见决不是一个穷船户了，所以他也吃得很阔绰。我被劝不过，答应了，但要求只要用小碗。他也很识世故，便嘱咐阿顺说，‘他们文人，是不会吃东西的。你就用小碗，多加糖！’然而等到调好端来的时候，仍然使我吃一吓，是一大碗，足够我吃一天。但是和长富吃的一碗比起来，我的也确乎算小碗。我生平没有吃过荞麦粉，这回一尝，实在不可口，却是非常甜。我漫然的吃了几口，就想不吃了，然而无意中，忽然间看见阿顺远远的站在屋角里，就使我立刻消失了放下碗筷的勇气。我看她的神情，是害怕而且希望，大约怕自己调得不好，愿我们吃得有味，我知道如果剩下大半碗来，一定要使她很失望，而且很抱歉。我于是同时决心，放开喉咙灌下去了，几乎吃得和长富一样快。我由此才知道硬吃的苦痛，我只记得还做孩子时候的吃尽一碗拌着驱除蛔虫药粉的沙糖才有这样难。然而我毫不抱怨，因为她过来收拾空碗时候的忍着的得意的笑容，已尽够赔偿我的苦痛而有余了。所以我这一夜虽然饱胀得睡不稳，又做了一大串恶梦，也还是祝赞她一生幸福，愿世界为她变好。然而这些意思也不过是我的那些旧日的梦的痕迹，即刻就自笑，接着也就忘却了。

吕纬甫宁可自己难受也要吃完荞麦粉，足见他的善良。

“我先前并不知道她曾经为了一朵剪绒花挨打，但因为母亲一说起，便也记得了荞麦粉的事，意外的勤快起来了。我先在太原城里搜求了一遍，都没有；一直到济南……”

窗外沙沙的一阵声响，许多积雪从被他压弯了的一枝山茶树上滑下去了，树枝笔挺的伸直，更显出乌油油的肥叶和血红的花来。天空的铅色来得更浓，小鸟雀啾唧的叫着，大概黄昏将近，地面又全罩了雪，寻不出什么食粮，都赶早回巢来休息了。

再次描写山茶花的艳丽，烘托吕纬甫因为母亲的嘱托而恢复的热情和兴奋，表现了他的善良。

“一直到了济南，”他向窗外看了一回，转身喝干一杯酒，又吸几口烟，接着说，“我才买到剪绒花。我也不知道使她挨打的是不是这一种，总之是绒做的罢了。我也不知道她喜欢深色还是浅色，就买了一朵大红的，一朵粉红的，都带到这里来。

“就是今天午后，我一吃完饭，便去看长富，我为此特地耽搁了一天。他的家倒还在，只是看去很有些晦气色了，但这恐怕不过是我自己的感觉。他的儿子和第二个女儿——阿昭，都站在门口，大了。阿昭长得全不像她姊姊，简直像一个鬼，但是看见我走向她家，便飞奔的逃进屋里去。我就问那小子，知道长富不在家。‘你的大姊呢？’他立刻瞪起眼睛，

因顺姑去世，长富的家境由殷实走向衰败，反映了社会现实的残酷。

连声问我寻她什么事，而且恶狠狠的似乎就要扑过来，咬我。我支吾着退走了，我现在是敷敷衍衍……

“你不知道，我可是比先前更怕去访人了。因为我已经深知道自己之讨厌，连自己也讨厌，又何必明知故犯的去使人暗暗地不快呢？然而这回的差使是不能不办妥的，所以想了一想，终于回到就在斜对门的柴店里。店主的母亲，老发奶奶，倒也还在，而且也还认识我，居然将我邀进店里坐去了。我们寒暄几句之后，我就说明了回到S城和寻长富的缘故。不料她叹息说：

“‘可惜顺姑没有福气戴这剪绒花了。’

这句话既解释了吕纬甫到长富家不受待见的原因，也引出了下文，交代顺姑去世的原因。

“她于是详细的告诉我，说是‘大约从去年春天以来，她就见得黄瘦，后来忽而常常下泪了，问她缘故又不说；有时还整夜的哭，哭得长富也忍不住生气，骂她年纪大了，发了疯。可是一到秋初，起先不过小伤风，终于躺倒了，从此就起不来。直到咽气的前几天，才肯对长富说，她早就像她母亲一样，不时的吐红和流夜汗。但是瞒着，怕他因此要担心。有一夜，她的伯伯长庚又来硬借钱，——这是常有的事，——她不给，长庚就冷笑着说：你不要骄气，你的男人比我还不如！她从此就发了愁，又怕羞，不好问，只好哭。长富赶紧将她的男人怎样的挣气的话说给她听，那里还来得及？况且她也不信，反而说：好在我已经这样，什么也不要紧了。'

“她还说，‘如果她的男人真比长庚不如，那就真可怕呵！比不上一个偷鸡贼，那是什么东西呢？然而他来送殓的时候，我是亲眼看见他的，衣服很干净，人也体面；还眼泪汪汪的说，自己撑了半世小船，苦熬苦省的积起钱来聘了一个女人，偏偏又死掉了。可见他实在是一个好人，长庚说的全是诳。只可惜顺姑竟会相信那样的贼骨头的诳话，白送了性命。——但这也不能去怪谁，只能怪顺姑自己没有这一份好福气。'

“那倒也罢，我的事情又完了。但是带在身边的两朵剪绒花怎么办呢？好，我就托她送了阿昭。这阿昭一见我就飞跑，大约将我当作一只狼或是什么，我实在不愿意去送她。——但是我也就送她了，母亲只要说阿顺见了喜欢的了不得就是。这些无聊的事算教“子曰诗云”意味着向现实屈服，而吕纬甫经常说的这两句话更是体现了他对待现实的消极情绪。

文章的高潮部分。至此，才找到吕纬甫无聊和心灰的原因：是残酷的社会现实，让一个有志青年变得颓唐和麻木。

什么？只要模模胡胡。模模胡胡的过了新年，仍旧教我的‘子曰诗云’去。”

“你教的是‘子曰诗云’么？”我觉得奇异，便问。

“自然。你还以为教的是ABCD么？我先是两个学生，一个读《诗经》，一个读《孟子》。新近又添了一个，女的，读《女儿经》。连算学也不教，不是我不教，他们不要教。”

“我实在料不到你倒去教这类的书，……”

“他们的老子要他们读这些，我是别人，无乎不可的。这些无聊的事算什么？只要随随便便，……”

他满脸已经通红，似乎很有些醉，但眼光却又消沉下去了。我微微的叹息，一时没有话可说。楼梯上一阵乱响，拥上几个酒客来：当头的是矮子，拥肿的圆脸；第二个是长的，在脸上很惹眼的显出一个红鼻子；此后还有人，一叠连的走得小楼都发抖。我转眼去看吕纬甫，他也正转眼来看我，我就叫堂倌算酒账。

“你借此还可以支持生活么？”我一面准备走，一面问。

“是的。——我每月有二十元，也不大能

够敷衍。”

“那么，你以后豫备怎么办呢？”

“以后？——我不知道。你看我们那时豫想的事可有一件如意？我现在什么也不知道，连明天怎样也不知道，连后一分……”

堂倌送上账来，交给我；他也不像初到时候的谦虚了，只向我看了一眼，便吸烟，听凭我付了账。

我们一同走出店门，他所住的旅馆和我的方向正相反，就在门口分别了。我独自向着自己的旅馆走，寒风和雪片扑在脸上，倒觉得很爽快。见天色已是黄昏，和屋宇和街道都织在密雪的纯白而不定的罗网里。

暗示两个人的人生道路不同，注定分道扬镳。

一九二四年二月一六日

本文通过讲述主人公吕纬甫由热血青年到意志消沉的文人的转变，对当时社会上新型知识分子的形象及心态做了深刻的探讨和剖析。

阅读这篇小说，先找出小说中的主要人物，然后通过“去酒楼—在酒楼—离酒楼”情节的发展，特别是“在酒楼”中吕纬甫的变化，把握吕纬甫这个人物形象，思考使吕纬甫发生变化的原因，进而理解小说所反映的社会主题。

1. 艾叶飘香

⊙刘国芳

快过节了，艾叶婆婆的儿子打电话过来，儿子说：“快过节了，你来城里吧？”

艾叶婆婆说：“不来。”

儿子说：“村里都没人了，你怎么还愿待在那里？”

艾叶婆婆说：“谁说村里没人，禾崽还在村里。”

儿子说：“禾崽是残疾人，他没办法离开乡下，当然还得待在村里。”

艾叶婆婆说：“三公和吴家婆也没走，他们都在村里。”

儿子说：“整个村里看来也就剩下你们几个人了，你还是到城里来过节吧，要不我现在就开车来接你？”

艾叶婆婆说：“你不要浪费油，你来了，我也不会走。”

儿子说：“真搞不明白，你怎么就不愿到城里来？”

艾叶婆婆说：“我喜欢乡下。”

儿子说：“那你好好照顾自己。”

艾叶婆婆说："我知道。"

通完电话，艾叶婆婆出来了，村里真的没什么人，一个人也见不到，很寂静。一个人走在村里，艾叶婆婆心里也会觉得孤单。记得以前，也不是很久以前，两三年前，村里还热热闹闹，到处是人。只过去了几年，村里人都搬走了，一个村一下子就冷落了，看不到人了。艾叶婆婆从村东走到村西，也没看到一个人，包括禾崽、三公、吴家婆也不晓得到哪儿去了。不过，后来艾叶婆婆看到人了，几个人开车来了，他们把车停在村里，然后在村里边走边看。艾叶婆婆当时回家了，但艾叶婆婆还是从窗户看到几个人，还听到他们说话，一个人说："这个村真的是无人了。"

另一个人说："一个人也没有。"

艾叶婆婆这时出来了，艾叶婆婆说："谁说村里没有一个人？"

突然地冒出一个人，几个人好像很意外。一个人说："村里还有人，不是无人村呀？"

艾叶婆婆说："当然不是无人村。"

一个人还问着艾叶婆婆说："村里还有多少人没搬呢？"

艾叶婆婆说："多着哩。"

一个人说："我怎么没看到，看到的房子都锁着。"

他们说的是事实，艾叶婆婆不知道怎么回答他们。

几个人走了，但不一会儿，又有几个人开车来了。近来，艾叶婆婆看到很多人来村里玩，艾叶婆婆开始不知道他们为什么会开很远的车，来这个山角角的村里，后来知道了，就因为村里没人，几乎是无人村，才惹人来。这几个人也在村里边走边看，艾叶婆婆出现在他们跟前，他们明明看见艾叶婆婆了，还问："老婆婆，村里怎么没人呀？"

艾叶婆婆说："我不是人吗？"

问的人就笑一下，又说："但村里人很少，他们为什么要搬走呢？"

艾叶婆婆说："这是山角角里，生活不方便。"

那人又问："都搬到哪里去了？"

艾叶婆婆说："搬到县城去了，也有搬到抚州去的，甚至有人搬到南昌去了。"

一个人说："都搬了，这个村将消失了。"

听了这话，艾叶婆婆心里很有些难受。

过节这天，艾叶婆婆一早在门口挂了艾叶。这是过节的习俗，说是在门口挂艾叶，可以驱邪避祸。会不会驱邪避祸，艾叶婆婆不知道，但艾叶味重，可以起到驱蚊虫的作用。一到过节，家家户户都去拔艾叶和菖蒲，然后用红纸把它们粘在一起，挂在门口。艾叶婆婆今年早早地拔了艾叶和菖蒲，而且还帮禾崽、三公、吴家婆也拔了。在自己门口挂好，艾叶婆婆就拿着艾叶去跟禾崽、三公、吴家婆挂，但到三公门口时，艾叶婆婆看到三公门口已经挂好了艾叶，还有禾崽、吴家婆门口，也挂好了。三公坐在门口，便笑着说："你也来帮我们挂艾叶呀，我帮他们挂好了。"

艾叶婆婆手里拿着艾叶，不知道怎么办好。但很快，艾叶婆婆有主意了，她把手里几挂艾叶挂在别人家门口了，尽管那些门锁着，但艾叶一挂，就好像屋里住着人，有生气了。

挂好，艾叶婆婆走了，但艾叶婆婆没回家，艾叶婆婆又去山坡上拔艾叶和菖蒲了，差不多一上午，艾叶婆婆拔了一大捆艾叶和菖蒲回来，用红纸粘好，艾叶婆婆把这些艾叶一一挂在别人家门上。三公、吴家婆和禾崽后来发现了，他们看着艾叶婆婆说："艾叶一挂，村里就有过节的样子了。"

又说："我们闻到艾叶香了。"

过阙下车

出自《列女传》。春秋时期，卫灵公与夫人灯下夜坐，听到车声由远及近，但到门前就悄无声息。过了宫门后，车声重又响起。卫灵公问夫人乘车的人是谁，夫人判断是大臣蘧伯玉。灵公问其原因，夫人说："按规定，臣子乘车经过宫门时，应下车步行并减慢车速，表示对国君的尊敬。蘧伯玉是卫国贤明的人，言行一致，恪守礼仪规范，决不会因为在夜晚过宫门而不遵守应有的礼节。"

灵公听了夫人的话后，立即派人追上去验证，果然是蘧伯玉。

【典意】指人恪守礼节，注重仁义。

2. 赶年集

⊙厉彦林

“孩子孩子你别馋，过了腊八就是年。”唱儿歌，赶年集，迎新年，是我美好的童年记忆。

如今，商业发达，商品超市遍布城乡。青年人更喜欢网上购物，鼠标一点，商品到家，潇洒又方便。可我依然留恋和怀念年少时赶年集的那种兴奋与快乐。

我的故乡在沂蒙山区东部，山多岭多，交通不便。农村大都五天一集，集市像块磁铁，把方圆十几里的人们聚拢在一起，自由买卖，享受属于乡村独有的喜悦。我们公社驻地逢五、逢十是集。一入腊月，地里没活了，年味就渐渐浓起来，丰收的喜悦挂在乡亲们脸上，见了面格外客气，嘘长问短。年底时，崎岖的山路上人群熙来攘往，馒头、油条、粉条等大包小包的年货在涌动。小孩子跟在大人的后面，蹦蹦跳跳地赶集、串亲戚。

春节快到了，不管贫富都要赶年集置办年货。人们会把一年省吃俭用节省下来的钱，花到最后一个年集上。日子紧巴，也得让全家老少高兴起来。在穷乡僻壤，赶年集是孩子们迎新年的头等大事，多数孩子兜无分文，就是看热闹。腊月三十最后一个年集，头天夜里又下了一场雪，我和伙伴们还是执意相约赶年集。临行前，母亲给我套了件又厚又沉的大棉袄，父亲从兜里掏出两张五角的新钱，顺手给了我一张，我高兴得几乎跳起来。这时在一旁微笑着的母亲，狠狠瞪了父亲一眼，父亲心领神会，又把手里那五角钱塞给了我，然后拍拍我的头说："去吧，看放鞭炮，隔远点哟。"我痛快地答应，拉起小伙伴就一溜烟地跑了。

跑出村口，只见赶集的人很多。雪后的山路被手推车、自行车和脚踏成一条黑色弯曲的长丝带，清晰而漫长。甩年货、购年货的都着急，牲畜的叫声、车轮声、笑声、歌声、叫喊声，此起彼伏，相映成趣。只记得公社供销社商店的外墙上用红漆刷着"发展经济，保障供给"八个大红字，工整厚重，格外显眼。集市就在村西侧宽阔的河滩上，河里结了冰，地上是薄薄的雪，摊位沿道路两侧展开，依次摆满小树林，商品琳琅满目，人们摩肩接踵，熙熙攘攘，非常热闹。集市分若干区域：吃，穿，用，乐；干货、鲜货，鸡鱼肉蛋葱姜蒜，柴米油盐酱醋茶，各就各位，井然有序，热闹繁华。

鞭炮市场最热闹。手工制作的鞭炮品种繁多，编排为磨盘状的鞭、圆柱形的雷子、二踢脚，还有窜天鼠、连环炮、花旋风……男孩眼馋，就缠着大人买。卖鞭炮的为吸引顾客，干脆比赛似的噼噼啪啪地试放起来。我走遍了所有鞭炮摊，仔细分辨着鞭炮的品质和价格，盘算比较着买哪种。过够了眼瘾，花三角七分钱买了一盘年夜放的鞭，还买了三个一角钱一个、红纸裹腰的大雷子。小伙伴们抢过来握在手里欣赏一番，眼里净是羡慕的眼光。买上全家人过年的响声，就甭提多高兴了。

不同区域集聚着不同的人群，叫卖声、讨价还价声此起彼伏，脸上都是欢天喜地的劲儿。割肉包年夜饺子是大人的事。肉摊前，人们挑肥拣瘦，那时肥肉吃香。买了肉大都要挂在提篮外边，炫耀一番，见了面也就有了话题。时近中午，年集达到了高潮。河滩上用竹席临时撑起的棚屋，一个挨一个，大勺小勺叮当响，各色小吃应有尽有，香味扑鼻……

赶年集有规矩：女孩买花，男孩恋炮，婆婆买鞋，老头购帽。割肉、买菜、买鞭炮，再购对联和年画。男孩子只关心鞭炮和牛肉锅、烧饼摊。女孩子只关心红绒花、红头绳和花布。我母亲不舍得花钱，从来不赶集，过年自己什么新东西也不添。下午快散集的时候，我找到绒花摊。红绒花是一种纯手工制品，花蕊、花瓣、花叶活灵活现，粗大的麦草捆上插满密密麻麻的绒花，在风中颤动，疲倦地招引着客户。

“大爷，我买六朵绒花，三根红头绳！”我底气十足地说。

“不还价，两毛！”卖花的大爷顺手帮我插在一截高粱秸上，像是开满绒花的树枝。

望着远处手拿风车纸花的女孩，心中盘算着如何把绒花分给妹妹和操劳忙碌的母亲。这新年礼物虽小，但很珍贵，饱含温暖的年味和对亲人美好的祝福。我蹦蹦跳跳地回家了。等望见老家屋顶的那缕炊烟，才想起没吃午饭，肚子也咕咕地叫了。正在拽着针线纳过年棉鞋的母亲，从锅里给我端来预留着的热乎乎的饭，用力搓搓我被冻红了的耳朵和手，还心疼地埋怨我回来晚了、饿坏了……

年集是一幅凝聚着热烈、繁荣与美好憧憬的乡俗年画，又是生活变化、社会进步的缩影。

不知不觉年集已远离我们，但我心中依然涌动着对年集的美好记忆和对团聚的渴望。听着噼里啪啦的鞭炮声，我仿佛又回到了少年时代，身穿新棉衣，手捧父母的呵护与微笑，跑进新年的第一缕阳光里……

3. 故乡滋味

⊙凸　凹

这是八年前的旧事。那年，我刚过完四十岁的生日，突然生出一种莫名的思乡之情。这种感情很强烈，近乎一种烧燎，若不回故乡住上一段日子，心里难以平静下来。于是我回了一趟老家。

到了母亲的老宅院，推开那一道柴门，母亲“哦”了一声，显出意外的喜悦，眼睛潮潮地红起来。走到母亲身边，觉得母亲很矮小，依旧是粗布衣裤，与那道柴门一个色调。多少年了，故乡仍带着那种逼人的质朴。但我心里很温暖，觉得自己就是为这质朴而来。

母亲烧起柴草，煮了几穗青玉米。柴草很干，火烧得热烈。“住几天吗？”母亲问。我说：“当然要住几天，陪您唠一唠近二十年来不曾细唠的家常。”母亲笑一笑：“你已是老家雀了，只有老家雀才知道回窝哩。”在母亲的感觉里，我居然跟她一样老了。青玉米煮熟了，剥了玉米的苞衣，米粒很黄。一粒一粒剥着吃，很绵软，香得和奶一样。母亲同我一起剥玉米吃。炉膛的余火闪着黄黄的光。我一下子找到了故乡的感觉，即黄色的温暖。

晚上，母亲问我："你到哪儿睡呢？娘就这一条土炕。"我说："除了娘的土炕，我哪儿都不去。"躺在土炕上，感到这土炕就是久违了的母亲的胸怀。母亲就是在这土炕上生的我，揭开席子，肯定还能闻到老炕土上胎衣的味道。而今，母亲的儿子大了，自己也老了，却依然睡着这条土炕。土炕是故乡永恒的岁月、不变的情结吗？这一夜，母亲睡不着，她的儿子也睡不着。母亲很想对儿子说些什么，儿子也想对母亲说些什么，却都不知道从何说起，只能清晰地听到对方的呼吸。其实，岁月已使母子很隔膜了，却仍爱着，像呼吸，虽然有时感觉不到，却须臾不曾停止。

天亮了，我却酣然地睡沉了。睡醒来，小饭桌早已放在身边。"酒给你温好了，喝几盅吧。"母亲安然说道。饭桌中央，果然就是那把几代人用过的黄泥酒壶。说温酒，其实是把罐中的老酒舀到壶里去。母亲给祖父舀酒，给父亲舀酒，如今，又给她的儿子舀酒，那么，在她眼里，儿子是条有分量的汉子了。

在老家的日子，我彻底让自己放松了。每日起得很迟，睡到日上三竿。母亲从不叫醒我，开心地放任她的儿子。"快把娘的儿子宠坏了。"我跟母亲开玩笑。"还能宠几天呢？世道上，除了娘宠儿子，还有谁宠呢？"听了娘的话，我心中竟生出一丝莫名的酸楚。媳妇好，爱情的后面是温柔的束缚；儿子好，伦常会把一副叫责任的担子不由分说地让你担下去；朋友好，友谊时时提醒你要保持一种无奈的却是必需的心灵对等……这一切，都美丽而忧伤，美得让人感到有些累。

吃过母亲的早酒，便是走走儿时的路，爬爬儿时的山……路依旧，山依旧，我的感觉却大不一样了。儿时高高的曾绊得我摔破了膝的石阶，已显得很矮很矮。儿时深深地看一眼都眩晕的水井，也显得很浅很浅。山路曲折悠长，我却走来走去，又走回原处。踅[①]回母亲的柴门，看到柴门下的母亲，霜雪已浸染了大片发际。我不禁低沉地吟了一声："哎，故乡。"

晚上，盘腿坐在母亲的土炕上，在小饭桌上摊了几页纸，想随便写些什么。笔落下去，却写出了这么几行字：故乡，就像母亲的手掌，虽温暖，却很小很窄。它遮不了风雨，挡不住光阴，给你的只是一些缠绵的回忆……

写到这里，我抬头看一眼熟睡的母亲，想到明天就要走了，泪水不禁热热地流下来。

① 踅（xué）：来回走；中途折回。

单元学习任务

任务一

想要读懂一篇小说，就要从梳理小说情节、分析人物形象、把握小说主题三个方面入手，阅读本单元“组文阅读”的文章，试着完成下表。

文章	情节	人物形象	主题
艾叶飘香			
赶年集			
故乡滋味			

任务二

食物有“筋道”，嚼起来才有味；文章有“筋道”，读起来才有意蕴。文章的“筋道”，得益于语言的“筋道”。试找出三篇文章中有“筋道”的语句，分析其有“筋道”的原因。

文章	有“筋道”的语句	原因
艾叶飘香		
赶年集		
故乡滋味		

任务三

故乡，永远是我们心中的那一抹温暖。我们生在故乡，长在故乡，故乡带给我们无尽的幸福和回忆。请阅读“组文阅读”中的三篇文章，完成下面的表格。

我的美丽故乡

故乡的景	
故乡的人	
故乡的事	
故乡的诗	
故乡的情	

百态人生

大千世界，包罗万象，而人类就是这天地间最灵动的存在。每个人都有不同的性格、不同的生活方式，因而有着不同的人生：有人豁达，面对苦难也能放声大笑，将自己的人生活成跌宕起伏的诗；有人计较，付出点滴就苛求回报，将自己的人生活成无意义的流水账；有人无私，助人为乐只因心存善念；有人贪婪，为了利益不择手段……人生百态，有的是个性使然，有的是生活所迫，有的是环境熏陶，但归根结底都取决于个人的选择。

阅读本单元文章，要紧扣小说的特点，理清故事情节，分析人物形象，理解小说的主题。同时要学会结合自己的生活经验，体察世间百态，品味人情冷暖。

七个铜板

⊙〔匈牙利〕莫里兹

这是一个关键性语句，概括了小说的思想内容。

穷人也可以笑，这本来是造物主赋予的。

茅屋里不但可以听到呜咽和号哭，也可以听到由衷的笑声。甚至可以说，穷人在想哭的时候也是常常笑的。

我很熟悉那个世界。我父亲所属的苏斯家族的那一代经历过最悲惨的贫困。那时，我父亲在一家机器厂打零工。他不夸耀那个时代，别人也不。可是那时候的情景是真实的。

在我今后的生活中，我再也不会像在童年的短短的岁月中笑得那样厉害了，这也是真实的。

没有了我那笑得那么甜蜜、终于笑得流眼泪、笑到咳嗽得几乎透不过气来的、红脸盘儿的、快活的母亲，我怎么会笑呢？

有一次，我俩花了整整一个下午来找七个铜板，就是她，也从来不曾像那一次笑得那么厉害。我们找寻那七个铜板，而且终于找到了。三个在缝纫机的抽屉里，一个在衣橱里……另外几个却是费了更大的劲才找出来的。

想一想：本段在内容和结构上的作用是什么？

头三个铜板是我母亲一个人找到的。她希望在缝纫机抽屉里再找到几个，因为她时常给人家做点针线活，赚来的钱总是放在那里面。在我看来，那个缝纫机抽屉是个无穷无尽的宝藏，只要伸手就能拿到钱。

因此，我非常奇怪地看着我母亲在抽屉里边搜寻，在线、顶针、剪子、扣子、碎布条等中间摸索，又突然大惊小怪地叫了起来：

"它们都躲起来啦！"

"谁呀？"

"小铜板哪。"我母亲笑着说。她把抽屉拉了出来。

"来，我的小乖乖，不管怎么样，我们得把这些小坏蛋找出来。啊，这些淘气的、淘气的小铜板！"

她蹲在地板上，把抽屉放下来，好像是怕它们会飞掉。她又像人家用帽子扑蝴蝶似

写出了母亲的童真童趣和期待有新"发现"的心理。

的突然把抽屉翻了个身。

看她那个样子，叫你不能不笑。

“它们就在这儿啦，在里头啦。”她咯咯地笑着说，不慌不忙地把抽屉搬起来，“假如只剩一个的话，那就应该在这儿。”

我蹲在地板上，注视着有没有晶亮的小铜板悄悄地爬出来。可是，那儿没有一样东西蠕动。事实上，我们也并不真的相信里面会有什么东西。

我们彼此望望，觉得这种儿戏可笑。

我碰了碰那个翻了身的抽屉。

母亲看似幽默的话中隐藏着心酸与无奈。

“嘘！”我母亲警告我，“当心，会逃走的啊。你不晓得铜板是个多么灵活的动物，它会很快地跑掉，它差不多是滚着跑的。它滚得可快呢……”

我们笑得前仰后合。我们从经验中知道一个铜板多么容易滚走。

当我们平静下来的时候，我又伸手去翻转抽屉。

“哦！”我母亲又叫起来。我吓得连忙把手缩回来，好像碰到一只火辣辣的炉子。

“当心，你这个小败家精！干吗急着把

它放走呀！只有它藏在下面的时候，它才是属于我们的呢。让它在那儿多待一会儿吧！你瞧，我要洗衣服，得用肥皂，可是肥皂起码要花七个铜板才能买到，少一个就不行。我们已经有三个了，还差四个。它们都在这小屋子里，它们逗留在这儿，但是它们不喜欢人去惊动。假如它们生气了，它们就一去不回了。当心，钱是很敏感的，你得很巧妙地对付它，要毕恭毕敬地。它像少妇一样容易气恼。你不是会唱迷人的曲儿吗？也许我们可以把它从它的蜗牛壳里逗出来呢。”

天晓得我们在这唠叨不休的谈话中间笑得多起劲。不过那的确是非常好笑的。

这句充满自嘲味道的话，有什么含义呢？

“铜板叔叔快出来，

你的房子着火啦！……”

我一面唱，一面把它的房子翻过来。

下面是各种各样的破烂儿，就是没有钱。

我母亲噘着嘴在乱翻，但是毫无结果。

“多可惜呀，”她说道，“我们没有桌子。假如把它倒在桌面上，我们就可以做得更隆重了，并且我们一定会从下面找到一些什么的。”

我把那堆破烂儿抓在一起，放回抽屉里。这时我母亲正在寻思。她绞尽脑汁想她是不是曾经把钱放在别的什么地方，但是她什么也想不出来。

不过，我的心里倒动了一个念头。

“亲爱的妈妈，我知道一个地方有一个铜板。”

语言描写，表现出母亲急于找到铜板的迫切心情。

“在哪儿，我的孩子？我们快把它找出来吧，别让它像雪一般融掉。”

“玻璃橱里，在那个抽屉里。”

“哦，你这倒霉孩子，亏了你早先没有说出来！不然，这时一定不在那里了。”

我们站起来，走到早已没有玻璃的玻璃橱前，还好，我们在它的抽屉里找到了那个铜板，我知道它一定是在那里的。这三天来，我一直准备把它偷走，就是不敢。假如我敢偷的话，我一定拿它买了糖啦。

“得，我们已经有四个铜板了。打起精神来吧，我的小宝贝，我们已经找到一大半了，再有三个就够了。我们既然花了一个钟头找到了这一个，到下午喝茶的时候，我们就可以找到那三个了。尽管那样，在天黑以前我还可以洗不少衣服呢。快点儿吧，也许其余的抽屉里都有一个铜板呢。”

每个抽屉里要都有一个可好了！那就真的了不起！这个老橱柜在它年轻的时候曾经收藏过很多东西。但是，在我们家里，这个可怜的家伙却不曾放过很多东西；难怪它变得那么破烂，生了虫，到处是窟窿了。

通过老橱柜的经历，可以看出“我”的家庭境况。

我母亲对每一个抽屉都唠叨一番。

这一个抽屉豪华过一阵！那一个从来没有过东西！靠边的一个呢，永远是靠借债度日的！唉，你这缺德的可怜的叫花子，你连一个铜板也没有吗？这一个不会有什么东西了，因为它在守护我们的穷神。假如现在不给我一点儿东西，你就永远别想有一点儿东西了，这是我唯一的一次向你要东西！

“瞧，这一个最多！”她笑着叫道，拉出那个连底也没有了的最下一层的抽屉。

她把它套在我的脖子上，于是我们坐在地板上，放声大笑。

“别笑了，”她突然说道，“我们马上就有钱了。我要从你爸爸的衣服里找出一些来。”

墙上有些钉子，上面挂着衣服。你说怪

不怪，我母亲把手伸进头一个口袋，就马上摸到了一个铜板。

她简直不敢相信自己的眼睛了。

这段语言描写生动地表现了母亲找到铜板时，从惊喜到期待再到自信的心理过程。

“瞧，”她叫道，“我们找着了！我们已经有多少啦？简直数不过来了！一——二——三——四——五——五个！再有两个就够了。两个铜板算什么？算不了什么。既然有了五个，另外两个没有疑问就要出现的。”

她非常热心地搜寻那些衣袋，可是，天哪，什么结果也没有。她一个也找不出来了。就连最有趣的笑话也没法把另外两个铜板逗出来了。

铜板的寻找越来越难，为下文情节的发展作铺垫。

由于兴奋和辛苦，我母亲的两颊已经泛起两朵红晕。再不能让她干下去了，因为这样会叫她马上害病的。这当然是一件例外的工作，谁也不能禁止谁找钱哪。

喝下午茶的时候到来了，又过去了。夜不久就要来临。我父亲明天需要一件衬衫，可是我们没法洗。单是井水是洗不掉油污的。

这时，我母亲拍了拍前额。

“哦，我有多么傻！我就不曾看看我自己的衣袋！既然想起来了，我就去看看吧。”

她去看了一下，你相信吗，她真在那里找着了一个铜板——第六个。

我们都兴奋起来，现在只缺一个了。

“把你的衣袋也给我看看，说不定那儿也有一个！”

我的衣袋，我可以给她看的，里边什么也没有。

到了晚上，我们有了六个铜板，可是我们真好像一个也没有一样。那个犹太人不肯赊账，邻居们又像我们一样穷，也不作兴去向人家讨一个铜板啊！

除了打心坎上笑我们自己的不幸以外，再也没有别的办法了。

这时，一个叫花子走了进来。他用歌唱的调子发出一阵悠长的哀叹。

我母亲笑得几乎昏过去了。

到这时你还认为母亲是真心地笑吗？母亲因什么而几乎笑昏过去？

“算了吧，我的好人，”她说道，“我在这儿糟蹋了整整一个下午，因为需要一个铜板。少了它就买不到一块肥皂。”

那个叫花子，一个脸色温和的老头儿，瞪着眼睛看着她。

“一个铜板？”他问道。

“是的。”

“我可以给你一个。”

“这还了得，接受一个叫花子的布施！”

怎样理解叫花子的这句话？他告诉了我们什么？

“不要紧，我的姑娘。我不会缺这一个铜板的。我缺的是一铲子土，有了这，就万事大吉了。”

他把一个铜板放在我的手里，然后满怀着感恩的心情蹒跚地走开了。

“好吧，感谢上天，”我母亲说道，“再没有……”

这“大大”的笑声中有什么？有无助、无奈、自嘲、解脱……

她停了一会儿，然后大大地发出一阵笑声。

“钱来得正是时候！今天再也洗不成衣服了。天黑了，我们连灯油也没有！”

这两段话与第2段“穷人在想哭的时候也是常常笑的”这句话相呼应。母亲的笑是含泪的笑，用笑掩饰内心的痛苦，表现了母亲的开朗乐观。母亲的笑又是一种自嘲的笑，表现了母亲对不幸命运的无奈抗争。

她笑得透不过气来。这是一种可怕的、致命的窒息。她弯着腰把脸埋在手掌里，我去扶她的时候，一种热乎乎的东西流过我的手。

那是血，那是我母亲的血，是她宝贵的、圣洁的血。我的母亲哪，就连穷人中间也很少有人会像她那样笑的。

（凌山/译）

本文以母亲的“笑”贯串全篇，描写了一个贫苦的妇女为凑够七个铜板买一块肥皂给家人洗衣服，不得不翻箱倒柜，最后在一个老乞丐的帮助下才凑够七个铜板。母亲的笑饱含着悲苦、自嘲、辛酸，通过笑控诉黑暗社会。

阅读这篇小说，要围绕“笑”和“七个铜板”的寻找过程，理清故事情节。在把握小说基本内容的基础上，思考小说的主题。

再作冯妇

出自《孟子·尽心下》。春秋时，晋国有个打虎能手名叫冯妇，在他手里死伤的老虎不知有多少。后来，他决心要做一个不杀生的善士，从此就不再打虎了。

几年后的一天，冯妇碰到一大群人正在追捕一只老虎。老虎逃进一个山弯里，那些人谁也不敢走近。他立即跳下车，与众人一齐动手，终于把老虎擒住了。

大家称赞冯妇是打虎能手，他也很得意。有些人却讥讽冯妇言而无信，笑他不能坚守决心。

【典意】比喻有某种技艺的人重操旧业；也用来讽刺别人旧习难改，说话不算数。

1. 两角钱

⊙肖复兴

有时只是举手之劳，就能帮助别人，但我们对好多举手之劳的事情却总是熟视无睹，而不愿意伸出手来。

那天下午，我去邮局寄信，人很多，大多是在附近工地干活的民工，才想到是他们发工资的日子，在往远在千里之外的家里寄钱。

我寄了一摞子信件，最后算邮费，掏光了衣袋里所有的零钱，还差两角钱。我只好掏出一张一百元的票子，请柜台里的女服务员找。她没有伸手接，望了望我，面色不大好看。为了两角钱要找一百元的零头，这确实够麻烦的，难怪她不大乐意。

我下意识弯腰又翻裤兜的时候，和一个男孩子的目光相撞。他穿着一身风尘仆仆的工装，就站在我旁边的柜台的角上，个头才到我的肩膀，瘦小得像个豆芽菜。我发现他的眼光里流露着犹豫的眼神，抿着嘴，冲我似笑非笑的样子，有些怪怪的。而他的一只手揣在裤袋里，活塞一样来回动了几下，似掏未掏的样子，好像那里藏着刺猬一样什么扎手的东西。这更让我感到奇怪了。

没有，裤袋也翻遍了，确实找不出两角钱。我只好把那张一百元的票子又递了上去，服务员还是没有接，说了句：“你再找找，这才两角钱还没有呀。”可我确实没有啊，我有些气，和她差点没吵起来。

这时候，我的衣角被轻轻拉了一下，回头一看，是那个男孩子。我看见他的手从裤袋里掏了出来，手心里攥着两角钱：“我这里有两角钱。”说完这句外乡口音很重的话，他羞涩地脸红了。原来刚才他一直想帮助我，只是有些犹豫，是怕我拒绝，还是怕两角钱有些太不值得？我接过钱，有些皱巴巴的，还带有他手心的温热，虽然只有两角钱，我还是谢了他。他微微地一笑，只是脸更有些发红了，真是一个可爱的孩子。

寄完信，我去附近的超市买东西，破开了那一百元的票子，有了足够的零钱。我又回到邮局里，不过，那时已是落日的黄昏，不知那个孩子还在不在。我想如果那个孩子还在，应该把钱还给他。

他还真的在那里，还站在柜台的角上，那些民工还没有汇完钱，他是在等着大人们一起回去。我向他走了过去，他看见了我，冲我笑了笑，因为有了那两角钱，我们成了熟人，他的笑容让我感到一种天真的亲切，很干净透明的那种感觉。

走到他的身边，我打消了还那两角钱的念头。我不知道这样做对不对，但看到他那样的笑，总觉得他是在为自己做了一件帮助人的好事，才会这样的开心。能够帮助人，而且是举手之劳的事情，尤其是帮助了一个看起来比自己大许多的大人，心里总会产生一种美好的感觉吧。我当时就这样想，干吗要打破孩子这样美好的感觉呢？一句谢谢，比归还两角钱，也许更重要吧？我轻轻地抚摸了一下他的头，问了问："还没有走呀？"然后，我再次郑重地向他说了声："谢谢你啊！"他的脸上再次绽放出笑容。

以后，我多次去过那家邮局，再也没有见过那个孩子，但我怎么也忘不了他。他让我时时提醒自己，面对一些举手之劳的事情，能够伸出手来去帮助他人，一定要伸出手来。

2. 一千张糖纸

⊙铁 凝

那是小学一年级的暑假里，我去北京外婆家做客。正是“七岁八岁讨人嫌”的年龄，加之隔壁院子一个名叫世香的女孩子跑来和我做朋友，我们两个人的种种游戏更使外婆家不得安宁了。

表姑在外婆家养病，她被闹得坐不住了。一天，她对我们说：“你们知不知道什么叫累呀？”我和世香互相看看，没有名堂地笑起来。是啊，什么叫累呀？我们从来没有思考过累的问题。有时候听见大人说一声：“喔，累死我了！”我们会觉得那是因为他们是大人呀，“累”距离我们是多么遥远啊。当我们终于笑得不笑了，表姑又说：“世香呀，你不是有一些糖纸吗，为什么不再多找一些漂亮的糖纸呢？多好玩呀！”我想起世香的确让我参观过她攒的一些糖纸，那是几十张美丽的玻璃糖纸，被夹在一本薄薄的书里。可我既没有对她的糖纸产生过兴趣，也不觉得糖纸有什么好玩。世香却来了兴致，她问表姑：“你为什么让我们攒糖纸呀？”“攒够一千张糖纸，表姑就能换给你一只电动狗，会汪汪叫的那一种。”

我和世香惊呆了。电动狗也许不会让今天的孩子稀奇，但在二十多年前我童年的那个时代，表姑的许诺足以使我们激动很久。那该是怎样一笔财富，那该是怎样一份快乐？更何况，这财富和快乐将由我们自己的劳动换来呢。

从此我和世香再也不吵吵闹闹了。外婆的四合院安静如初了。我们走街串巷，寻找被人遗弃在犄角旮旯的糖纸。那时候糖纸并不是随处可见的，有时候，我们会追逐着一张随风飘舞的糖纸在胡同里一跑半天；我和世香的零花钱都买了糖——我们的钱也仅够买几十颗，然后我们突击吃糖，也不顾糖把嗓子齁得生疼；我们还守候在食品店的糖果柜台前，耐心等待那些领着孩子前来买糖的大人，等待他们买糖之后剥开一块放进孩子的嘴，那时我们会飞速捡起落在地上的糖纸，一张糖纸就是一点儿希望呀！

我们把那些皱皱巴巴的糖纸带回家，泡在脸盆里把它们洗干净，使它们舒展开来，然后一张一张贴在玻璃窗上，等待着它们干了后再轻轻揭下来，糖纸平整如新。暑假就要结束了，我和世香终于每人都攒够了一千张糖纸。

一个下午，我们跑到表姑跟前，献上了两千张糖纸。表姑不解地问：“你们这是干什么呀？”我们说：“狗呢，欠我们的电动狗呢？”表姑愣了一下，接着就笑起来，笑得没完没了，上气不接下气。待她笑得不笑了，才擦着笑出的泪花说：“表姑逗着你们玩哪，嫌你们老在院子里闹，不得清静。”世香看了我一眼，眼里满是悲愤和绝望，我觉得还有对我的藐视——毕竟，这个逗我们玩的大人是我的表姑啊。

这时，我忽然有一种很累的感觉，我初次体味到大人们常说的累，原本就是胸膛里那颗心的突然加重吧。

我和世香走出院子，我们俩不约而同地把精心整理过的那一千张糖纸扔向天空，任它们像彩蝶一样随风飘去。

我长大了，每逢看见“欺骗”这个词，总是马上联想起那一千张糖纸——孩子是可以批评的，孩子是可以责怪的，但孩子是不可以欺骗的，欺骗是最深重的伤害。

我们已经长大成人，可所有的大人不都是从孩童时代走来的吗？

毋忘在莒

出自《吕氏春秋·直谏》。春秋时，齐襄公残暴无道，当时身为公子的齐桓公曾逃到莒国避难。齐襄公被杀后，他回国即位。一天，齐桓公、管仲、鲍叔、宁戚等一起吃饭，齐桓公让鲍叔为他祝酒。鲍叔举起酒杯道：“愿您不要忘记出奔在莒的日子！”

【典意】指成功后或顺利时不忘记以往的困苦，用以警诫自己。

3. 尘世小暖

⊙顾晓蕊

她是一位七十多岁的老人，满头银发，佝偻着腰，脸上的皱纹刻画出岁月的年轮。我是公司的一名普通职员，每天坐在办公室里重复着冗繁单调的工作。我们来自不同的天地，只因偶然的机缘，让彼此的生命有了交集。

那是多年前的一天，我端着茶杯疾步去茶水间，把迎面而来的人撞了个趔趄。她是位年长的清洁工，俯身扫地，额头上渗满细密的汗珠。

我正要开口道歉，她反而先问道："姑娘，撞到你了吗？"我笑着摆手说："我走得太慌了。"随意聊了几句后，才知道她做清洁工已有些年了，最近刚调到我们楼区负责卫生。

不久后的一天，我倚窗而立，见她在楼下打扫落叶。她挥舞着大扫把一下一下地扫着，金黄的落叶映衬着她瘦弱的身影，显得执着而清寂，让我莫名地想起远在家乡的母亲。

我整理出一摞旧报纸，然后喊她上楼，说："这些报纸堆在地上挺碍事，你搬走吧，还可以换些零花钱。”她感激得连声道谢。从那以后，我经常把一些旧报纸送给她，她见到我会主动微笑打招呼。

时间久了，我渐渐地知道了她的一些事情。她的爱人曾是公司的职工，因病去世，这对一个原本清贫的家来说是雪上加霜。公司为了照顾他们母子，同意让在乡下务农的她到厂里做清洁工兼看自行车棚，两间值班室成了她的居所。

一晃十余年过去，她的儿子到建筑工地打工，且已娶妻生子。这时，九十多岁的老母亲却又瘫痪了。为了多挣些钱给老母亲看病，也为了减轻儿子的负担，原本应安享晚年的她仍在辛苦劳作。

总其大半生，可谓命运多舛，令人慨叹。然而，说起这些时老人却是一脸的平静。她说：“在我小的时候，吃不饱穿不暖的，现在的生活很好，很知足了。”

后来有几次，我整理出女儿穿不着的衣服，拿去送给她的小孙女。老人每回都是既欢喜又过意不去，连声说道：“谢谢，真是谢谢你了。”

有一天临时加班，直忙到暮色四合，当我拖着疲惫的身子走出厂门口时，见她站在风里眺望。看见我后，她赶紧迎上来说：“我今天从老家回来，给你背了半袋面，等了半天终于等到你了。”她又说：“你对我那么好，我都不知道给你点啥好，这是自家磨的玉米面，煮稀饭可香了。”那一刻，仿佛有千万朵花在眼前盛开，我的心中涌起一股难言的感动。她没读过几年书，“投之以桃，报之以李”的道理她说不上来，但她记得别人对自己的好，并把它当作一种感恩，一种铭记。

这让我感到羞赧，甚至有些难为情，我给予她的是舍弃的“旧物”，而她还报给我的是汗水凝成的“礼物”。我抱着那半袋面离去，就如同怀抱着一颗沉甸甸的心。

后来，这样的场景不时出现。她从老家带回的礼品中，有带着泥土和露水的蔬菜，有又甜又脆的瓜果。为了不拂她的好意，我笑着接了过来，之后再用别的方式，悄悄地还之以礼。

有时她在清扫地面，看到我从身边走过，会停下手里的活，朝着我温和地笑笑。如果看我不是太忙，还会上前搭几句话。闲聊中，她得知我爱好写作，话语里更多了几分敬重。

隔了几天，她在路上等我，递上一卷透着香气的烙馍。我谢过她正要离去，老人关切地说：“姑娘，写文章很费脑子的，你看上去瘦了，记得多吃点饭啊！”我点点头，认真地说：“好，我记得了。”就在我转身的那一刻，只觉得心绪迭起，万千奔涌。在这座小城里，除了爱人和孩子以外，我没有别的亲人。如今，我已近不惑之年，只有她仍称呼我姑娘，留意到我的胖瘦，我知道她是真的心疼我。

那天下班路过车棚，我看见老人坐在大树下，怀里抱着小孙女在哄她睡觉，一边拍一边轻轻地哼唱。阳光透过树隙散落一地斑斓，我缓缓地从她面前走过，两人会意地相视一笑。恍然间，觉得有点像黑白老电影里面的场景，我多么希望时光停留在这温馨的一刻。

单元学习任务

任务一

本单元“组文阅读”的三篇文章，用质朴的语言叙事、说理、刻画人物，语言平实，但有韵味。请仿照《两角钱》的示例，找出其他两篇文章中反映文章主题的哲理性句子。

示例：《两角钱》有时只是举手之劳，就能帮助别人，但我们对好多举手之劳的事情却总是熟视无睹，而不愿意伸出手来。

《一千张糖纸》____

____

《尘世小暖》____

____

任务二

好文章不仅有好故事能反映社会生活，提示人生哲理，更会运用多种表现手法来彰显主题。阅读文章后，小组合作完成表格。

文章	表现手法	主题
两角钱		
一千张糖纸		
尘世小暖		

任务三

“两角钱”的故事，在我们身边也曾发生过；“一千张糖纸”的经历，我们也不陌生；“尘世小暖”中的“玫瑰”，在我们手上也常留余香。有了这些经历，我们的人生才丰富起来。请以“瞬间的感动”为话题，结合自己的生活经历，讲一讲那些让你感动的瞬间。

瞬间的感动
1.   2.   3.

成长之路

“我不想我不想不想长大，长大后世界就没童话……”你是否也曾经哼唱着同样的曲调，留恋无忧无虑的童年，担忧着模糊不清的未来？但是，人总是要长大，成长的路上，除了鸟语花香、欢歌笑语，还有泥泞和艰辛、痛苦和迷茫。等你长大后就会发现，所有的经历，都化作了你成长所需的营养。因此，成长路上无论遇到什么，都勇敢地接受吧，因为它们都是生活送给你的最值得珍惜的礼物。

阅读本单元文章，要注意作者是如何运用心理描写和景物烘托来表现人物情感的。在把握小说主题的同时，要学会品味小说的语言，感受文字的魅力，从中获得艺术的享受和人生的启迪。

1. 传　奇

⊙侯发山

放学的铃声一响，似乎转眼之间，同学们都一个个兴高采烈地被爸爸妈妈接走了，唯有丫蛋形单影只，孤零零走出了幼儿园大门。那一场突如其来的大地震，使得丫蛋永远见不到爸爸了，妈妈的一条腿也残疾了。为了养家糊口，妈妈一天到晚就在街口卖烤红薯。妈妈跟学校老师求情，说丫蛋今年都五岁了，非常懂事。学校这才破例，每次放学后，丫蛋不需要家长接，可以独自一个人回家。学校与家相隔不远，不到两里地，如果丫蛋在路上不玩耍，也就用十分钟左右的时间。

风呼啸着，刀子一样刮着人的脸。丫蛋背着小书包，东张西望，磨磨蹭蹭不愿赶路。忽然，他看到前面不远处围着一堆人，还不时传来阵阵喝彩声，他这才一蹦一跳跑了过去。

原来是一个坐在轮椅上的中年汉子在表演魔术。丫蛋赶到的时候，他正在表演“空手取物”的魔术——他伸出空荡荡的双手，让大家看看，确认他手里没有什么东西。然后，他的两只手捂在一起，翻来覆去地转动。同时，他用嘴往手上吹了三口气。接下来，他的右手猛地往前一伸，像是要抓什么东西似的。待他打开攥着的右手，手心里有一只乒乓球！围观的人都拍手叫好，嚷嚷着让他再表演一个。

丫蛋脱口说道：“叔叔，您给我变出一条红围巾好不好？”

围观的人愣了一下，明白过来后都跟着起哄，让中年汉子赶快变出一条围巾来。

中年汉子面红耳赤，手忙脚乱。

丫蛋以为中年汉子不给他变，忙说：“叔叔，我妈妈没有钱买围巾，脸冻得又青又红……我想让您给她变一条红围巾。”

中年汉子回过神来，说：“小朋友，叔叔可以给你变，但现在叔叔肚子饿了，饿了就变不出围巾，我明天给你变好吗？”

旁观的人都“轰”一声四下散去了，他们根本不相信中年汉子的话。丫蛋认真看了看中年汉子，重重地点了点头，满怀希望地回家了。

第二天，天空飘起了雪花。下午一放学，丫蛋就飞快赶到了老地方。由于天气恶劣没有观众，中年汉子没有表演魔术，他的身上披了一层雪花，从远处看，简直就是个雪人。丫蛋两眼一亮，喊了声“叔叔”。

中年汉子忙说：“小朋友，叔叔今天就给你变出一条围巾来。”说罢，中年汉子舞动两手，没有舞几下，果然就变出一条红色的围巾！

丫蛋怔了一下，兴奋地“哇”了一声，抓起围巾转身往家里跑去。

因为路滑，中年汉子的轮椅走得很慢。他没有走出多远，丫蛋就气喘吁吁追上来，从书包里掏出红围巾要还给中年汉子，噘着嘴说：“妈妈说了，不能要叔叔的东西。”

中年汉子想了想，说：“叔叔的东西是变出来的，是专门给你变的，你不要谁要啊？叔叔能变出来的东西太多了，家里都没地方放。”

丫蛋想不出反驳的话来，才又把围巾装进书包，高高兴兴地走了。

第三天，天放晴了。这天是个星期天，中年汉子正在那个地方表演魔术，丫蛋“呼哧呼哧”跑来了。

丫蛋眼睛一眨巴，说：“叔叔，您给我变出两个烤红薯好吗？”

这孩子怎么捣乱来了？中年汉子为难了，不知道该如何应对这个场面。

围观的人都想看热闹，催促中年汉子变烤红薯。其中有个小伙子冷嘲热讽道：“你不是会变吗？赶快变啊？你要能变出烤红薯来，我给你一百块钱！”

“这个……这个……”中年汉子张嘴结舌，真急了。

“谁说叔叔变不出来？叔叔变的烤红薯在我的兜里呢。”丫蛋说罢，把两只烤红薯从兜里掏出来，趁着中年汉子愣怔的时候，放到他手里，“咯咯”笑着转身跑了。

“呵呵，这个孩子！”拿着热乎乎的烤红薯，中年汉子的眼睛湿润了。

此后，丫蛋和中年汉子就成了非常要好的朋友。中年汉子经常给丫蛋变出书包、变形金刚、作业本等学习用具和玩具来。丫蛋呢，也常给中年汉子带一些好吃的，如葱花油馍、豆腐包子、三鲜饺子，更多的则是烤红薯。

大约一年后，有一天，丫蛋忽然对中年汉子说：“叔叔，您给我变出一个爸爸来好吗？别人都有爸爸，就我没爸爸。”丫蛋说罢，显得很无奈，很无助。

中年汉子拉过丫蛋的手，苦笑着说：“丫蛋，这个叔叔真做不到。”

“叔叔撒谎，妈妈说叔叔能给我变出一个爸爸来。”丫蛋天真地说道。

“你妈妈？”中年汉子心里一动，似乎明白了什么。

“那不是，妈妈来了。”丫蛋叫道。

中年汉子抬眼一看，看到一个拄着单拐的女人一步一步朝他走来，女人的脖子上围着一条鲜艳的红围巾。中年汉子迟疑了一下，转动轮椅迎上前去……

后来，丫蛋就改口叫中年汉子“爸爸”了。

2. 小莫的海底

⊙立　夏

小莫下水前，朝我郑重地挥了挥手。这是他每次下水之前必做的一个动作。这种仪式从我4岁的时候开始，到我16岁的时候结束。

我坐在礁石上一个绑着石头的大筐里，每次他挥手的时候我总是睁大眼睛，屏住呼吸，我很紧张，却不知道为什么紧张。我从小生长在海边，但我只能看到海的表面，我一点儿也不清楚海底是怎么样的，对于我来说，海底是属于小莫的另一个世界。

小莫从12岁开始下水采淡菜，那年，我刚满4岁。

淡菜是我们那里最常见的海贝，味道鲜美。海里能吃的贝类不少，淡菜是长得比较怪的一种，椭圆形的壳，漆过似的亮黑，随身还带着一团乱麻，一群淡菜的乱麻纠缠在一起，运气好的采到了就能拉出来一大串。

小莫属于运气特别好的。从第一天下水，他就成串成串地往上拉淡菜。岛上的马大开了个加工厂，雇了些赋闲在家的女人，把淡菜用大锅煮熟，去壳晒干，装到塑料袋里封口，销到上海北京那些大城市里去。小莫把淡菜卖给马大的加工厂，一个夏天能赚到不少的钱。

采淡菜的季节在夏天，但其他季节小莫也并非无所事事。他在海边钓鱼捉蟹，也在泥涂上捡海螺、海瓜子，但小莫从不跟着渔船出海捕鱼。

我不喜欢小莫皱着眉头抽烟卷，烟味很呛。

我也不喜欢小莫在大清早把我从热被窝里拖出来，赶我去学校。

从我4岁开始，小莫主宰了我的全部世界。

记得我4岁那年的一天，我醒得比往常早，身下的床单是湿的，我迷迷糊糊地叫“娘，娘”，小莫应声而来。我还没完全睡醒，我忘了我只有小莫了。小莫掀开湿湿的床单，下面的褥子也是湿的。他沉默地站在床边，我起来，看到褥子上有白白的棉絮露出来，就伸手去扯棉絮玩，才扯了两下，小莫的手就落到了我的屁股上，很痛！我“哇”的一声哭了。那是小莫第一次打我，我记得很清楚，屋子里弥漫着一股烧焦的红薯味儿。

从小到大，我记不清被小莫打过多少次，他的手板又大又硬。以前爹打我，我有娘的裤脚可以躲。小莫打我，我没地方躲，只有大哭大叫，隔壁的马婶听到我的哭声跑过来，有时候正财伯也会跟着过来，马婶搂着我唉声叹气，正财伯对着小莫骂，直把他骂得低下了头。

晚上，我和小莫一人占据着床的一边，背对背。床很大，是爹娘留下来的。半夜醒来，我发现我们都挪到了床的中央，我蜷缩着贴在他的胸前，而他的手臂自然地环住我，就像以前娘经常做的那样。想到娘，我就想哭，但我从没见小莫哭过，小莫比我大8岁，他已经不会哭了。

小莫的水性很好。小时候我常被吓哭，因为一起潜下去的人都冒出来了，他却迟迟没有露出海面。小莫似乎很喜欢待在海底，这让我很好奇。海底到底有些什么？我甚至有些无端的猜测，不过这些念头过于荒唐，刚冒出来就让我压了下去。

10多岁的时候，我缠着小莫想学游泳、学潜水，我也想看看海底。在渔村，一个男孩子若不会游泳，是件很丢脸的事。但小莫瞪着眼，绝不允许我下水。

16岁那年，我初中毕业，考上了县里的高中。小莫不再下海了，马大的厂子聘他做销售部经理，在县里设了个销售点，离我的学校仅两条街。我住在他的宿舍。晚上我做作业，他带着女朋友出去看电影逛街。我不喜欢他女朋友，阔嘴大脸，我觉得她配不上小莫。小莫很英俊，长得有点像某明星。

上大学后，我终于在学校的泳池里学会了游泳。暑假回乡我拖着个大箱子，里面是我借来的两套潜水装备。小莫来码头接我，他已经成了一个很平常的居家男人，一个3岁男孩的爸爸。儿子叫爸爸，他就笑，儿子要什么，他都给。我有点迷茫，那个动不动就打我的小莫，那个下水之前总是朝我挥手的小莫，就是眼前这个满脸堆笑的男人吗？

我带上两套潜水装备，拉小莫去海边，我终于潜到了海底，却没有看到任何我想看到的东西。

我和小莫坐在我小时候常常坐的礁石上。

“我还记得你小时候坐在大筐里的样子。”他侧过头看了我一眼，“终于长大了。”

“我记得你向我挥手的样子。”

他沉默了一会儿：“其实每次挥手，都是跟你说，再见了，这次下去我再也不要上来了，我要跟爹娘在一起。”

“为什么我从没看到你哭过？”

他指了指前方：“它看到过。”

前方是大海，我刚才下海的时候，尝到过它的苦涩。

小莫，大名徐海莫，12岁辍学，是我唯一的哥哥。

3. 雪地里的红棉袄

⊙高吉波

30年前，我8岁。

母亲不在了，一群孩子挤在父亲的脊梁上，讨吃求穿，日子十分凄惶。

一个好心的媒人看着可怜，说家里没个女人，日子少光彩。于是，在那个青黄不接的春天，我大哥牵着一头瘦毛驴驮回了我的嫂子。她年长我15岁，嫁来时，穿着大红的棉袄，头上戴着大红的花，脸上虽有显而易见的菜色，但却洋溢着幸福的笑容。接亲的驴屁股上绑着两袋玉米，哥说是嫂子用彩礼钱换的。

大约那年冬天吧，嫂子生了孩子。家里又多了张嘴，日子显得更加拮据。我正在长身子的时候，对米饭有一种本能的渴求，但是，每次盛饭，我都悄悄地拖到最后。我知道，大哥是一家的主劳力，嫂嫂一张嘴管着两个人，只有我是一个闲人，所以，能少吃我尽量地少吃。

大哥牵挂着我，有一回，大哥趁嫂子不在，悄悄端给我一碗小米粥。嫂子回来时，我已舔净了留在碗边边和嘴角的米粒。嫂子似乎察觉出了什么，眼圈儿红红的。晚上，嫂子借故支走大哥，说锅里有碗米粥，是留给我的，我揭开锅，却发现里面还掩着两个鸡蛋。

我没喝，也没吃。

我跑到河里，破冰给侄女洗尿布。

“阿九，你太小，洗不净。”嫂子赶来，抱我到河边。她把我红肿的小手拉到她的怀里暖和，然后摸出两个鸡蛋，硬塞到我手里，“还热，吃吧。”

那天，风大，雪大。嫂子仍然穿着那件红棉袄，在雪地里像一团火焰，我的心，也随着这团火焰火热火热的。

20年前，我18岁。

嫂子给我剃个新头，然后背着行李送我到小镇的车站上。

“阿九，咱家你最有出息，外出读书要学会自己疼自己。”她说。临开车的时候，她塞给我一袋东西，我打开一看，是六个鸡蛋。为了给我凑学费，嫂子卖掉了所有的鸡和鸡蛋，这六个鸡蛋，是我硬坚持着留下来给小侄女的。抱着鸡蛋，我无语而泣。

那天，风大，雪大。隔着车窗，嫂子跑着向我招手。我觉得有一团火焰在雪地里跳跃，尽管她穿的棉袄是蓝色的。

现在，我38岁，号称作家。

父亲和大哥已相继随我母亲去了。他们留下的最后一句话都是说给嫂子的：“真有来世，我变把椅子，让你坐着歇歇。”

我与嫂子最末的相见，是去年春节携妻带小回老家去。那次，我特意到店里买了最好的蛋糕。嫂子养了一辈子鸡，收了一辈子的鸡蛋，自己，却没有正儿八经地尝过鸡蛋的味道。

嫂子捧着蛋糕，眼里有若隐若现的泪花。她没有吃，全给了我那贪吃的儿子。

那天，风很大，雪很大。透过玻璃窗，我看见嫂子从屋外抱着柴草进来给我烧炕。我觉得雪地里有一团火焰永不熄灭，虽然她穿的棉袄是黑色的。

晚上，嫂子坐在炕上纳鞋底，一双鞋底可以到镇上换上两元钱。嫂子不断地纳鞋底，她纳好的鞋底可以摆满好几个炕。“阿九，你腰疼是不是熬夜坐的时间太长？”她说，“都这岁数了，还不会疼自己。”

我没说话。我盯着嫂子久看，我突然发现她的眼睛已经深陷下去，像一眼枯井，而且头发竟也全白。但那一刻我跟30年前一样想：嫂子其实是最美的。

后来，我在日记里写过这样的话：嫂子是弓，我们是箭，弓因箭而弯。

“我们”，自然也含着我的侄女，她现在在美国攻读博士。

学习缩写

缩写，就是在保持中心思想不变的前提下，压缩文章的篇幅。缩写不仅可以提高我们把握文章要点、思路的能力，还可以培养我们概括、综合的能力。

怎样进行缩写呢？第一，认真阅读原文，深入体会原文主旨，理清思路。第二，遵循“保持主干，删除枝叶”的原则，确定取舍和详略。第三，以自己的话为主，可适当摘取原句。第四，文体不同，缩写的方法也应不同。缩写记叙文，要保留原文中的主要人物和主要情节，删减不影响中心的情节；缩写说明文，要保留体现说明对象主要特征的内容，遵循原文的说明顺序，不必呈现太多说明方法；缩写议论文，要突出原文的论点，体现论证思路。

1. 想讨一本书

⊙许申高

缩写时，时间、地点、人物，事情的起因和过程要交代清楚。

一个寒冷的冬日，我驱车去接方先生和他刚认识的申小姐。共进午餐后，申小姐接受了方先生的进一步邀请，坐车来到了方先生的住所——位于龙华的一幢豪华别墅。

乞丐的肖像描写要保留，与方先生形成对比。

下车后，我们看见门柱上斜靠着一个懒洋洋的乞丐。他身上裹着一件脏兮兮的棉衣，瑟瑟发抖地望着我们。

心情很好的方先生赶紧走上去问他：“你是不是想吃点什么？”

想不到乞丐回答道：“这会儿太阳很好，我吃饱喝足了，只想在您这儿晒会儿太阳。还想……”

“还想什么？”方先生从口袋里掏出一百元钱，晃动在乞丐眼前，调侃地追问道，“别难为情，尽管说吧，我会满足你的。”他料定一个乞丐的要求不会特别难以应付。

“我想……”乞丐支吾着，最后鼓起勇气说，“您千万别笑话我。您可以想象我的日子，饭是每天都能吃上的，只可惜好长时间没读书了，总想讨一本看看，可是一直难以启齿。您能不能让我进您书屋里，随意挑一本书呢？”

确定了主要人物后，在不改变文章脉络的前提下，对文中次要人物的语言、动作等，可概括叙述。

方先生一下子愣住了。一方面，他惊奇于这个乞丐非同寻常的奢求；另一方面，他羞愧自己满足不了这个乞丐这一简单的要求；更重要的是：让申小姐目睹了自己的窘迫！

乞丐也看透了方先生的尴尬，急忙说：“天底下没书的人很多。只是，我没想到这家房屋的主人也会没有。不好意思，打扰您了。”说罢，抬腿欲走。那溢于言表的鄙薄与不屑令在场的人都很难堪。

一直在一旁不动声色的申小姐急忙走上去，将随身携带的一本文摘读物递给乞丐，和颜悦色地说：“也许，你会喜欢这本书，不妨读读吧。”

乞丐接过，连声道谢，然后席地而坐，

旁若无人地读了起来。

这天送走申小姐后，方先生满腹心事。看来，他想博得申小姐的满意尚有一定的障碍。

不久的一天，方先生突然做出决定："阿伟，送我去书店。"

缩写时，可以删除语言描写，直接概括情节。

在书店经理室，方先生将一张两万元的支票拍在办公桌上，对接待他的小姐说："愿意与我做成一笔大生意吗？"

小姐说："当然愿意。不过，我们这儿没什么大生意可言，只有书，您任意选吧。"

方先生将支票扔到小姐面前，说："我才懒得选，拜托你了。下午两点，我来取货。"

小姐惊奇地盯着眼前这个财大气粗的人，不知如何应付。当方先生准备掉头而去时，她才醒过神来追问道："您想要一些什么呢？"

"只要是书，只要有名气。"方先生头也不回地说。

下午两点，我们驱车来到书店。那位小姐将支票还给方先生，并说："很抱歉，我们经理不想接受这笔生意。"

方先生再一次愣住了。他咆哮道："你们的经理呢？让他出来见我。"

“不必了。”小姐笑笑，“我们经理看过支票，就知道您是谁了。他要我一定转告您：本书店没一本可以束之高阁的废书。每一本书都是有灵魂的生命，都有情有独钟的恋人，最终总会归其所爱。”

表现主题的话要保留。

计然之策

出自《史记》。春秋时期，越国的计然长于经营之道，对发展经济、积累财富很有办法，于是勾践就向他询问致富良方。计然提出了“平粜”理论和“积著之理”等复兴经济的方法，勾践采纳计然之策，后来果然民富国强。

【典意】指生财致富之道或谋生手段。

2.《故乡》缩写

⊙孙煜棋

冒着严寒，我又回到了阔别二十余年的故乡。白驹过隙，夕阳下依然横着几个萧索的荒村，我脑中不时浮现出小时候的画面……

来到自家房外，母亲早已迎出来，侄儿宏儿高兴地飞出门外。母亲虽很高兴，但眼中藏着些许凄凉，她嘱咐我走前先去拜望亲戚本家一回。母亲又提到闰土，说他很想见我一面，我眼中闪过一丝异彩。

少年时的他，活泼勇敢，善良坚强，带我“保卫”西瓜、雪地捕鸟，给我讲夏天捡贝壳的事……儿时的记忆忽而全都闪电似的苏生过来，这就是我的美丽的故乡啊！

忽然，一个凸颧骨、薄嘴唇，五十岁上下的女人站在我面前，用尖利的怪声喊着：“哈！这模样了！胡子这么长了！”我愕然了，母亲告诉我说她是杨二嫂，我小时候还抱过我。杨二嫂用尖酸刻薄的语言嘲讽我阔了。我想辩解，可无言以对。

就这样我们边收拾东西，边应酬着。

一日午后，天气很冷，闰土来了，他不再是以前紫色的圆脸，而是土黄色了，脸上有了深深的皱纹，身材也增加了一倍。他看到我，恭敬地喊了一声“老爷”，我打了一个寒噤，感觉我们之间已经有了厚厚的隔阂了。促膝交谈中得知，因为连年的荒灾，加上苛税，闰土全家日子紧巴，只能勉强维持温饱。透过他的眼神，我看到了一丝丝木偶人般的愚昧和麻木。我有些惘然，同情之心油然而生。

不久，我们启程了。带着些许悲伤和不舍，望着渐行渐远的故乡，回味着与闰土的点点滴滴，我心中顿悟：希望是本无所谓有，无所谓无的。这正如地上的路；其实地上本没有路，走的人多了，也便成了路。

（学生习作）

3.《苏州园林》缩写

⊙陈一鸣

苏州园林是我国各地园林的标本。各地园林或多或少都受到苏州园林的影响。

苏州有一百多处园林，这些园林在不同之中有个共同点，似乎设计者和匠师们一致追求的是务必使游览者无论站在哪个点上，眼前总是一幅完美的图画。为了达到这个目的，他们讲究亭台轩榭的布局，讲究假山池沼的配合，讲究花草树木的映衬，讲究近景远景的层次。一切要为构成完美的图画而存在，决不容许有欠美伤美的败笔。

苏州园林里面的建筑绝不讲究对称。例如东边有了一个亭子或者一道回廊，西边决不会来一个同样的亭子或者一道回廊，追求自然之趣。

苏州园林里都有假山池沼。假山的堆叠，或重峦叠嶂，或几座小山配合着竹子花木。池沼大多引用活水。如果池沼宽敞，就把池沼作为全园的中心，其他景物配合着布置。如果水面成河道模样，往往会安排桥梁。如果安排两座以上的桥梁，那就一座一个样。池沼或河道的边沿很少砌齐整的石岸，高低屈曲任其自然。池沼里养着金鱼或各色鲤鱼，鱼戏莲叶间，是入画的一景。

苏州园林栽种和修剪树木也着眼在画意。落叶树与常绿树相间，花时不同的多种花树相间，一年四季不感到寂寞。

游览苏州园林必然会注意到花墙和廊子。由于有墙壁隔着、廊子界着，层次多了，景致就显得深了。

苏州园林的每一角落都注意图画美。如阶砌旁边栽几丛书带草，墙上蔓延着爬山虎或蔷薇木香，开窗正对着几竿竹子或几棵芭蕉，就最小的局部看，也能得到美的享受。

苏州园林里的门和窗，图案设计和雕镂琢磨功夫都是工艺美术的上品。

苏州园林极少使用彩绘，而且注意颜色与草木的绿色配合。如梁和柱子以及门窗大多漆广漆，墙壁用白色，屋瓦和檐漏一律用淡灰色，与草木的绿色配合，给人们安静闲适的感觉。

设计者和匠师们实现了他们的愿望，游览者来到园里，都心里想着、口头说着“如在画图中”。

（学生习作）

整本书阅读

唐诗三百首

⊙〔清〕蘅塘退士

阅读导航

每一位中国人，血液里都流淌着传统文化的基因。或许是你牙牙学语之时妈妈教的那两句“欲穷千里目，更上一层楼”；或许是在某个月光皎洁的夜晚爸爸带你背的那首《静夜思》；或许是教师节你在贺卡上写的那两句“春蚕到死丝方尽，蜡炬成灰泪始干”；或许是与朋友分别时你送上的一联“海内存知己，天涯若比邻”。这些脍炙人口的诗句，我们都可以从这本书中找到，它就是《唐诗三百首》。

相信你对这本书一定不陌生，很小的时候我们都听说过一句俗语“熟读唐诗三百首，不会作诗也会吟”。这本诗集，是由清代一位号“蘅塘退士”（孙洙）的人在乾隆年间选编的。作者自云：“专就唐诗中脍炙人口之作，择其尤要者，每体得数十首，共三百余首，录成一编，为家塾课本，俾童而习之……”可见，作者的初衷是编一本适合读书人的私塾教材，没想到面世以后却非常流行，远远超过了很多名家手编的唐诗选本。孙琴安在《唐诗选本六百种提要》指出：“唐诗选本经大量散佚，至今尚存三百余种。当中最流行而家喻户晓的，要算《唐诗三百首》。”可见这本书的受欢迎程度。

童年虽然即将远去，温暖的记忆却还留在脑海里。此刻，当你拿起这本书的时候，是不是有种莫名的亲切感？翻开目录，许多诗歌是不是如同久违了的老友？那些儿时的画面，是不是还历历在目？从父母带着你读，到独立阅读，相信你会有不同的感受。现在，相信你对于宋词、元曲以及新诗甚至外国诗歌，也有了许多自己的阅读体验，那么，让我们再回到我国诗歌史上的黄金时代，去体会盛唐的气象万千，体会那个时代特有的热情与豪迈、落寞与婉转、恬淡与慷慨——体会唐诗独有的魅力。

精彩选篇

登 高

⊙〔唐〕杜甫

风急天高猿啸哀[①]，渚[②]清沙白鸟飞回。
无边落木萧萧[③]下，不尽长江滚滚来。
万里悲秋常作客，百年多病独登台。
艰难苦恨繁霜鬓，潦倒新停浊酒杯。

① 啸哀：指猿的叫声凄厉。
② 渚（zhǔ）：水中的小洲；水中的小块陆地。
③ 萧萧：风吹树叶飘落的声音。

这首诗是杜甫在极端困窘的情况下写成的。通过登高所见秋江景色，诗人倾诉了长年漂泊、老病孤愁的复杂感情，慷慨激越，动人心弦。此诗语言精练，是格律诗的典范，不仅颔联、颈联对仗工整，连首、尾联也是对偶，音韵和谐，顿挫有力，充分显示了杜甫晚年对诗歌语言声律的把握运用已臻于化境。

感遇（其一）

⊙〔唐〕张九龄

兰叶春葳蕤[①]，桂华[②]秋皎洁。
欣欣此生意[③]，自[④]尔[⑤]为佳节。
谁知林栖者[⑥]，闻风坐[⑦]相悦。
草木有本心，何求美人[⑧]折？

---

① 葳蕤（wēi ruí）：指草木枝叶茂盛。
② 桂华：桂花。
③ 生意：生机勃勃。
④ 自：各自。
⑤ 尔：如此。
⑥ 林栖者：指山中的隐士。
⑦ 坐：因此。
⑧ 美人：指林栖者，即山林高士、隐士。

兰花和桂花是两种高洁的植物，古人常常用它们来象征品德高尚的君子。在这首诗中，张九龄借兰桂的芳香来比喻自己高尚的节操，是非常贴切的。他是一位政治家，一代贤相，但由于奸臣当道，不幸被贬，这首诗便作于他被贬期间。诗歌的前四句，表明了这些高洁的植物在适当的季节会生机盎然、欣欣向荣，这是自然规律，也是草木的本性。它们散发香气，并不是为了求得高人去采摘，含蓄地表达了自己的高尚节操只是自然流露，不是为了求得别人赏识。

阅读规划

阅读《唐诗三百首》这种文集类的书，我们需要有更多的耐心，因为它不像小说有引人入胜的故事情节，让我们欲罢不能。但正因为如此，我们不需要一次性花费很多时间去阅读。你可以把它放在手边，闲暇之时默诵几首，细细品味，一段时间后，你会发现你的诗歌鉴赏能力有所提升，也更能体会古人寄托在诗中的情思。

《唐诗三百首》是按体裁编排的，分为五言古诗、七律、七绝、五律、五绝、乐府等几个部分。同学们在阅读时，既可以挑选自己喜爱的诗人来集中阅读，也可以按照诗歌的体裁来阅读，既可以每篇都读，也可以只找自己感兴趣的诗歌来阅读。喜欢古典诗词的同学还可以再读读另一个比较流行的诗歌选本《千家诗》。

阅读之余，把你喜欢的诗句以及阅读感受记录在下面的表格中吧，这都是你阅读催开的花朵，是你思想结出的果实。

篇名	计划阅读 起止时间	金句摘录	阅读心印 （可从词句运用、审美感受等方面记录你的发现与收获）
	月　日　时 至 月　日　时		
	月　日　时 至 月　日　时		
	月　日　时 至 月　日　时		

交流平台

一、阅读与体验

1.《唐诗三百首》中，哪位诗人入选的诗篇最多？哪位诗人入选的诗篇最少？

2. 你最喜欢哪首诗？说说理由。

3. 你最喜欢哪位诗人？为什么？

二、创意与发现

1. 张若虚的《春江花月夜》被闻一多先生盛赞为“孤篇压全唐”，可是却没有入选《唐诗三百首》。请你查阅资料，找找原因。

2. 如果让你再补充三首诗到《唐诗三百首》中，你会选择哪几首？请摘抄下来。

3. 说起唐代诗人，我们可能首先会想到李白、杜甫、李商隐等著名诗人，为什么《唐诗三百首》会把张九龄的作品放在第一篇呢？请查阅资料，找找原因。

世说新语

⊙〔南朝宋〕刘义庆

阅读导航

《世说新语》是南朝时期宋临川王刘义庆组织文人编写的文言志人小说集。全书依内容分为“德行”“言语”“方正”等三十六门。其中的“容止”指仪容举止。有时偏重讲仪容，例如俊秀、魁梧、白净、光彩照人；有时也会偏重讲举止，例如庄重、悠闲。主要是从好的一面赞美，个别也讥讽貌丑。有相当一部分条目是直接描写容貌举止，也可能着重写某一点，例如眼睛、脸庞，或者某一动作，例如弹琵琶。有一些条目只是点出“美姿仪”等，而不做具体描写；有的用侧面烘托法，表现人物容止之美。有时也用对比的手法，或者用品评的方式说出。士族阶层讲究仪容举止，这成了魏晋风流的重要组成部分。仪容风采有时甚至能借以活命或办成事情。另外，在赞美声中还可以看出一些名士羡慕隐逸、追求超然世外的举止风姿。

精彩选篇

一

魏武[①]将见匈奴使。自以形陋，不足雄远国，使崔季珪[②]代，帝自捉刀立床头。既毕，令间谍问曰："魏王何如？"匈奴使答曰："魏王雅望非常，然床头捉刀人，此乃英雄也。"魏武闻之，追杀此使。

二

嵇康身长七尺八寸[③]，风姿特秀。见者叹曰："萧萧肃肃[④]，爽朗清举。"或云："肃肃如松下风，高而徐引[⑤]。"山公曰："嵇叔夜之为人也，岩岩[⑥]若孤松之独立；其醉也，傀俄[⑦]若玉山之将崩。"

---

① 魏武：曹操。

② 崔季珪：崔琰，字季珪，在曹操手下任职。他仪表堂堂，很威严。

③ 七尺八寸：晋尺短于今尺，晋七尺八寸相当于今 1.9 米左右。

④ 萧萧肃肃：风声，这里指洒脱的样子。

⑤ 徐引：舒缓悠长。

⑥ 岩岩：形容高峻挺拔。

⑦ 傀俄：同"巍峨"，形容高大雄伟。

三

潘岳妙有姿容，好神情[①]。少时挟弹出洛阳道，妇人遇者，莫不连手共萦[②]之。左太冲绝丑，亦复效岳游遨，于是群妪齐共乱唾之，委顿[③]而返。

译文

一

魏武帝曹操将要接见匈奴的使节。他自认为相貌丑陋，不能对远方国家显示出自己的威严，便叫崔季珪代替自己，他自己却握着刀站在崔季珪的坐榻边。接见后，曹操派密探去问匈奴使节："你看魏王怎么样？"匈奴使节回答说："魏王的仪表风度非同一般，可是坐榻边握刀的人才是真英雄啊。"曹操听说后，派人赶去杀掉了这个使节。

二

嵇康身高七尺八寸，风度姿态秀美出众。见到他的人都赞叹说："他举止潇洒，气质清逸。"有人说："他像松树间沙沙作响的风声，高远而舒缓悠长。"山涛评论他说："嵇叔夜的为人，像挺拔的孤松傲然独立；他的醉态，像高峻的玉山快要倾倒。"

---

① 神情：神态风度。

② 萦：围绕。《语林》载：潘岳外出，妇女们都抛果子给他，常常抛满一车。

③ 委顿：很疲乏。

三

潘岳有美好的容貌和优雅的神态风度。他年轻时拿着弹弓走在洛阳大街上，遇到他的妇女无不手拉手地一同围住他。左太冲长得非常难看，他也学潘岳到处游逛，这时妇女们就都向他乱吐唾沫，弄得他困窘疲乏地回来。

阅读规划

时间	阅读安排	记录	备注
9.1—9.20	阅读一至七门		
9.21—9.30	阅读成果交流展示		
10.1—10.20	阅读八至十四门		
10.21—10.31	阅读成果交流展示		
11.1—11.20	阅读十五至二十一门		
11.21—11.30	阅读成果交流展示		
12.1—12.20	阅读二十二至二十八门		
12.21—12.31	阅读成果交流展示		
1.1—1.20	阅读二十九至三十六门		
1.21—1.31	阅读成果交流展示		

交流平台

1. 读《世说新语》，查阅其他文献资料，探研“魏晋风度”，写一篇研究报告。

2. 在《世说新语》“容止”中，出现了许多“有姿容”“美姿仪”的男士，比如“看杀卫玠”的卫玠、“满载而归”的潘岳等，但是“貌甚丑悴”的刘伶、“姿貌短小”的曹操等也在“容止”中出现。班级中组织一次辩论会，讨论一下怎样才是美。

敬 启

为编好这本书，我们与收入本书的作品（含图片）作者进行了广泛联系，得到了各位作者的大力支持。在此，我们表示衷心的感谢。但是，由于个别作者地址不详，虽经多方努力，仍无法取得联系。敬请各位有著作权的作者尽快与我们联系，以便我们支付稿酬，并致谢忱！

我们还要感谢使用本书的师生们。希望你们在使用本书的过程中，能够及时把意见和建议反馈给我们，对此，我们深表谢意，并将给予一定奖励。让我们携起手来，共同完成本书的建设工作。

联 系 人：梁老师　张老师

联系电话：010-58022100

联系邮箱：ztxx2008@sina.com

网　　址：http://www.ywztxx.com

地　　址：北京市海淀区知春路7号致真大厦A座18层

图书在版编目（CIP）数据

经典中漫步 / 徐名印主编. — 上海 : 上海教育出版社, 2021.6

ISBN 978-7-5720-0819-1

Ⅰ.①经… Ⅱ.①徐… Ⅲ.①阅读课—初中—教学参考资料 Ⅳ.①G634.333

中国版本图书馆CIP数据核字（2021）第142049号

责任编辑　张嘉恒　李光卫
封面设计　陈丽娟　王艺霖
著作权人　北京华樾教育科技有限公司

经典中漫步

徐名印　主编

出版发行　上海教育出版社有限公司
官　　网　www.seph.com.cn
地　　址　上海市永福路 123 号
邮　　编　200031
印　　刷　阳谷毕升印务有限公司
开　　本　720 × 1010　1/16　印张 66
字　　数　900千字
版　　次　2021年8月第1版
印　　次　2021年8月第1次印刷
书　　号　ISBN 978-7-5720-0819-1/G · 0635
定　　价　268.00元

如发现质量问题，请向本社调换　　电话 021-64377165